本书资助项目：

广州市哲学社会科学发展"十四五"规划一般课题"广州融入国家重大区域发展战略研究"（2022GZYB56）

暨南大学知识产权与法治研究中心特别委托项目（2022JNZS26）

论遗嘱自由之限制

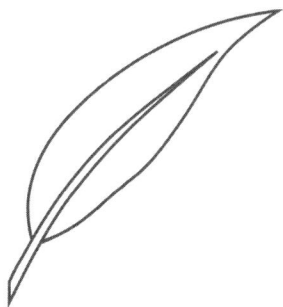

陈范宏 著

暨南大学出版社
JINAN UNIVERSITY PRESS

中国·广州

图书在版编目（CIP）数据

论遗嘱自由之限制/陈范宏著. —广州：暨南大学出版社，2022.6
ISBN 978 - 7 - 5668 - 3418 - 8

Ⅰ. ①论…　Ⅱ. ①陈…　Ⅲ. ①遗嘱—继承（法律）—研究—中国
Ⅳ. ①D923.54

中国版本图书馆 CIP 数据核字（2022）第 078861 号

论遗嘱自由之限制
LUN YIZHU ZIYOU ZHI XIANZHI
著　者：陈范宏
....

出 版 人：张晋升
策划编辑：杜小陆
责任编辑：亢东昌
责任校对：周玉宏　张馨予
责任印制：周一丹　郑玉婷

出版发行：暨南大学出版社（511443）
电　　话：总编室（8620）37332601
　　　　　营销部（8620）37332680　37332681　37332682　37332683
传　　真：（8620）37332660（办公室）　　37332684（营销部）
网　　址：http://www.jnupress.com
排　　版：广州尚文数码科技有限公司
印　　刷：佛山市浩文彩色印刷有限公司
开　　本：787mm×1092mm　1/16
印　　张：10.25
字　　数：168 千
版　　次：2022 年 6 月第 1 版
印　　次：2022 年 6 月第 1 次
定　　价：39.80 元

前　言

意思自治原则乃现代民法之基石，遗嘱自由即这一原则在继承法领域的延展。然而自由的享有缘于对自由的限制，因此不同法系传统的国家无不通过一定形式将自由限制在一定范围之内。如形式要件之控制、实质要件之规制以及通过保持成文法之开放性引进习惯、条约等规范类型编织成严密的规制之网，以实现个人之间、个人与社会之间利益的调和。我国遗嘱自由的泛滥、特留份制度的缺失、公序良俗适用的恣意等常使实务陷于困窘，亟待检讨。诚然，我国遗嘱继承制度的革新离不开对欧美成熟制度的嫁接，但是不论是响应大陆法系的呼唤，还是倾心英美法系的招手，在制度引进之前都需要把握现有规制操作的清晰脉络。司法官既要从体系的角度把握遗嘱自由与效率、公平、秩序等其他价值冲突的平衡之道，尽量使价值判断实现客观化；又要从具体法律规范适用的角度处理好公序良俗原则与私法自治原则之抵牾情形。

本书除绪论与结论外，正文由五大部分构成：

第一部分通过回溯限制遗嘱继承的历史沿革，力图厘清遗嘱制度在东、西方各自发展的演变脉络。从对古西亚遗嘱继承雏形的检视，到古罗马遗嘱制度的集成，再到中世纪教会法对遗嘱制度之神性改造，最后落脚到现制的成熟。在法典化之前的中国，笔者梳理了遗嘱继承在唐宋前的样态，这一期间为习惯法调整的"黄金时期"。唐宋以降，遗嘱制度方始入律；迄至清代，我国建构了习惯法与制定法并行不悖调整遗嘱继承的双轨制。随着清末修律与民国时期的发展，我国遗嘱制度日渐与世界"大同良规"接轨。本部分通过对遗嘱继承历史的纵向把握，以期减免"试错"的成本。

第二部分在理念回溯的基础上不局限于考究的目的，而是进一步爬梳现制的机理，因此，笔者从横向的视角，考察了世界各国的遗嘱现制。大陆法系，以法、德为代表，笔者着重分析其公序良俗原则与"特留份"

制度对遗嘱自由之限制；英美法系，以英、美为代表，笔者追溯其限制遗嘱自由之努力，试图从中寻觅几许可为镜鉴的养分。

第三部分检讨实务困境。意思自治原则乃现代民法之基石，贯彻于私法规范机制全域，遗嘱自由则是意思自治原则在继承领域的折射。在遗嘱继承纠纷实务中，适用类型一般分为宣示型、解释型、补漏型和逸法型。在继承法领域，遗嘱自由为其领域适用的堡垒。现行对遗嘱自由的规制主要由公序良俗原则、特留份制度、弱势群体保护、其他部门法介入、民族习惯尊崇等构成。由于制度设计的不完备，遗嘱纠纷实务在处理中难以统一，类似案件，不同处理的判决"打架"情况常有，有违平等原则的要求。针对适用中的难题，关于完善遗嘱继承制度的很多争论，犹如夫子自道式的各说各话，缺乏真正的说服力。而且法官适用意思自治原则多以宣示型、逸法型的形式出现，在适用诸遗嘱自由规制方面，也有许多不尽如人意的地方。因此，切实的改进路径或许不是现制立法论的完善，而是司法适用方法论的修正。

第四部分深掘遗嘱自由限制中价值博弈的平衡之道。无论古今，还是中西，遗嘱自由与秩序、效率、公正等法价值之间的博弈从未中断，对自由的适切限制往往也在这类"对垒"中完成。因此从体系的高度把握操作遗嘱自由条款的方法对实现预期的规制目标至关重要。笔者先排出遗嘱继承过程中不同价值的定位，再尝试着引进科斯定理与福利经济学的分析模式，由此，当司法官面对在遗嘱继承中价值冲突的情势出现时，为他们提供理性操作衡酌之道的指引。

第五部分尝试论述如何实现遗嘱自由价值博弈中理性论证的最大化与价值判断的最小化。体系的把握固然重要，部门法的适用更需优先衡酌。所以关涉遗嘱继承之纠纷，第一时间出现在法官思域射程范围的法律规范即继承法之规则，对遗嘱自由之限制亦优先从民法典中寻求。是故，在第五章中，笔者先从广义的角度来理解遗嘱自由之限制，以此为肇端，条分缕析我国遗嘱自由管制之现制，针对现制的乏力，试着"回填"一些方法论的元素，以期济实务之穷。再通过案例的分析，检讨实务中说理论证薄弱的弊端。进而试着引入阿列克西的"原则碰撞理论"，以期助益原则适用过程中的价值判断客观化，诚冀以此方法统合芜乱的现制适用，使法官在遗嘱纠纷中更好地扛起平衡遗嘱自由与公序良俗的重责。

| 目　录 |

绪　论

　　引例一：遗赠人与受遗赠人存在非婚同居关系，违反公序良俗，遗嘱无效

　　四川省泸州市的黄某某与蒋某某于 1963 年结婚，1996 年黄某某与张某某相识并随后开始同居生活。2001 年初，黄某某罹患肝癌。2001年 4 月 20 日，黄某某立下公证遗嘱将自己的全部财产赠予张某某。2天后黄某某离世。受遗赠人张某某持遗嘱要求财产占有人蒋某某交付财产，遭拒。张某某向泸州市纳溪区人民法院起诉，要求蒋某某返还占有的财产。蒋某某认为遗嘱内容违反社会公德与伦理道德，是无效民事行为，而且该遗嘱侵犯了自己的合法权益。法院经审理认为，黄某某所立遗嘱系真实之意思表示，也符合法律规定的形式要件。但是由于黄某某将财产遗赠给姘居者，违背了《民法通则》第七条有关"公序良俗"之规定，故遗赠无效。①

　　引例二：遗赠人将个人财产遗赠给非婚同居对象，意思表示真实，遗嘱有效

　　1992 年，吴某某为叶某某家保姆，后吴某某向叶某某学裱画，故

---

　　① 本书有关此案的探讨，为行文方便，皆以"泸州遗赠案"称之，特此说明。案件经过适当润饰简化。详情报道参见《"第三者"继承遗产案一石激浪》，《南方周末》，2001 年 11 月 15 日第 5 版。

结为师徒关系。1999 年 9 月，叶某某立下遗嘱将其全部财产遗赠给吴某某。同年 10 月，叶某某立下公证遗嘱将其所有的住宅遗赠给吴某某。2000 年 3 月，叶某某离世，其女邵某某擅自取走叶某某生前所珍藏的一批名人字画。吴某某向法院起诉，要求邵某某返还非法侵占之物。法院经审理认为，叶某某意思表示真实，且无其他窒碍有效之情形，故认定遗赠有效，吴某某乃叶某某全部财产的合法所有者。[①]

引例三：法定继承人有退休金，遗嘱未安排特留份，遗嘱有效

被继承人王某甲、王某乙夫妇生前设立遗嘱将名下房产遗赠给陈某，2013 年、2020 年夫妇二人相继去世，遗嘱生效。但是被继承人的五位子女拒绝承认遗嘱的效力，法定继承人王某丙更是以自己无劳动能力与生活来源为由，主张遗嘱无效。经法院审理认为，遗嘱是遗嘱人生前按照自己的意思和想法处分自己财产的行为，体现的是遗嘱人的真实意志。结合公证与见证人等证据，被继承人将房产处分的遗嘱形式符合法定要求。法定继承人王某丙虽然为没有劳动能力人，但是由于其有退休金收入，因此并不匹配特留份的适用要件之一继承人"没有生活来源"，并不符合《中华人民共和国民法典》第一千一百四十一条的规范意旨，故判定遗嘱有效。[②]

引例四：法定继承人有退休金，遗嘱未安排特留份，遗嘱无效

2011 年，被继承人郁某以遗嘱处分自己的遗产，但是没有预留必要份额给丧失劳动能力的法定继承人。2018 年，郁某去世，遗嘱生效。但是，该法定继承人向法院主张遗嘱无效。双方争议的核心点在于有退休金等生活来源，是否可以启动特留份制度，否认遗嘱效力。经法院审理认为，一方面，法定继承人被诊断为阿尔兹海默症，丧失劳动能力；另一方面，法定继承人虽每月领取退休金，但根据实际生活需要与遗产价值，仍应享有遗产的份额。被继承人在遗嘱中没有为法定

---

① 本书有关此案的探讨，为行文方便，皆以"杭州遗赠案"称之，特此说明。
　详情报道参见朱颖：《小保姆继承遗产案尘埃落定》，《新安晚报》，2001 年 1 月 2 日第 2 版。
② 详见山东省烟台市芝罘区人民法院（2021）鲁 0602 民初 7138 号民事判决书。

继承人预留必要的份额，根据《中华人民共和国民法典》第一千一百
四十一条的规定，判定遗嘱无效。①

　　法治所追求的精义之一以及司法权威的重要基石即"类似案件，
类似处理"。是故，同案不同判，甚至相悖判决之情形无疑是对司法权
威之最大伤害。引例一与引例二从法律关系的角度分析，并无实质的
区别，即行为人以遗嘱方式处分自己财产的范围和边界如何界定？倘
遗嘱有未关切近亲属之情势，效力又当如何认定？质言之，法官如何
在遗嘱自由与限制的博弈中做出妥适裁决？
　　关于自由及其限制，古圣先贤论著颇丰。法学的使命之一也是不
断在个人利益之间、群体利益之间以及个人利益与群体利益之间寻求
中道的权衡。契约自由、所有权绝对等，曾经点燃西方社会激情的自
由载体，随着经济社会实践的斗转星移，已日渐从神龛中撤下来，接
了"地气"。为自由设定"界碑"的尝试，在经典法域积累了相当有
益的经验，诚如严复所说："与自繇②反对者为节制（亦云干涉）。自
繇节制，二义之争，我曹胜衣就傅以还，于历史最为耳熟，而于希腊
罗马英伦三史，所遇尤多。"③ 从某种意义上说，自由的发展史就是一
部如何允恰地限制自由的历史。自由与限制的此消彼长是一张"单程
票"，不具有可逆性，即个人自由最终会屈服。关于此，澳大利亚学者
维拉曼特做了最精辟的论述："……个人自由行动的范围更进一步受到
限制了。……在可预见的将来，大多数人的命运将是个人意志日益屈
服于团体意志。19 世纪是个人主义的黄金时代，到我们这个时代已完

① 详见陕西省西安市碑林区人民法院（2020）陕 0103 民初 10697 号民事判决书。
② 严复于翻译之时，将 Liberty 翻译成自繇而非自由，系因"由""繇"古意相
　 通，然不作自由者，非以为古也。视其字依西文规例，非虚乃实，所以作自
　 繇以示区别。参见［英］约翰·穆勒著，严复译：《群己权界论》，上海三联
　 书店 2012 年版，凡例第 3 页。
③ ［英］约翰·穆勒著，严复译：《群己权界论》，上海三联书店 2012 年版，第
　 1 页。

全走向了反面，人类可能再也看不到个人自由回到那种程度了。”① 历史和经验告诉我们，自由的放任与汹涌需要理性的立法者挹注更多的限制举措以防患于未然。自由的理念投射到民法即意思自治原则，当然不能不落于这一“窠臼”之中。作为继承法领域贯彻意思自治原则的遗嘱继承，如何保持自己自治法性格不变的同时，更多地挹注管制的元素以回应经济社会实践的需求，同时又要尽量克制以免“反客为主”、忘了初衷而有损于整个私法体系所追求的稳定性，这是个问题!②

上述引例甫出，尤其是引例一，立即引发了遗嘱自由与公序良俗之间冲突的争议。一时间舆论哗然，媒体分别以“语不惊人死不休”的字眼如“二奶争遗产”“丈夫遗赠情妇”等为标题报道，妇联、妇女权益保护组织等纷纷卷入未决的司法案例中。最后，法院判决张某某败诉。舆论多从道德伦理与社会风气切入揄扬此一裁决，笔者并非意图“消费”此陈年旧案，唯试图从一个新的视角来为司法官进一言，以期判决符合民情，同时，逐渐消除法律适用中的明显“硬伤”。从引例一、引例二的不同裁决可以看出，司法实务中就如何适用原则、何时适用原则，当规则适用结果悖于人情伦理时，如何恰如其分地引入原则以匡正司法技术等还不是很成熟。近年来，法院在处理涉及公序良俗与遗嘱自由纠纷的诉讼中，由于司法方法论上的反思不够而时常陷入困窘之境，在公序良俗原则与私人自治原则之间犹豫不定，既无法适切维护社会公德与公共秩序，又可能因为不当限制遗嘱自由而有违私法的自治精神。不同地区的法院在类似案件的裁判中“一人一把号，各吹各的调”，相同案件不同处理的顽疾也无法得到根治，甚至在同一地区不同层级法院之间于公序良俗原则与私法自治原则碰撞中亦持截然相反的态度。例如，在“刘某某与王某某、张某甲、张某乙、

① ［澳］维拉曼特著，张智仁、周伟文译：《法律导引》，上海人民出版社 2003 年版，第 245 页。

② 莎士比亚名著《哈姆雷特》中的经典台词：To be, or not to be, that is the question. 本书此处借用，以传达遗嘱继承中自由与管制必须如影相随，而又要防止“本末倒置”的复杂实情。

张某丙、张某丁遗赠纠纷"案中，一审法院认为，受遗赠人与遗赠人之间存在同居关系，违反公序良俗原则，因此，其将个人财产遗赠同居人的遗嘱无效。但由于受遗赠人对遗赠人进行生活照顾，基于公平原则给予适当补偿。换言之，法院认为将个人财产遗赠给"第三者"的行为违反了公序良俗原则，归于无效，受遗赠人不享有根据遗嘱主张一切权利的资格。但是，同时考虑到受遗赠人对遗赠人生前进行了生活照料，肯认受遗赠人可以获得适当补偿。

　　然而二审法院趋向于尊重遗赠人的意思自治，对遗赠行为是否违反公序良俗原则做出了截然相反的判断。二审法院认为，公民个人有权自由处分其个人财产，将之赠给国家、集体或者法定继承人以外的人。二审法院在了解到遗嘱系真实意思表示后，对同居者照顾遗赠人的行为进行鼓励，认为这不仅不是违反公序良俗原则的行为，还是一种应当积极鼓励的社会扶助行为。因此，撤销一审法院的判决，认定遗嘱有效。[①] 笔者认为，遗嘱是否违反公序良俗原则从而折损其效力，不宜机械地以是否存在同居关系为转轴来判定遗嘱效力，而应考察遗赠人做出遗赠法律行为的目的是否为维持不正当的两性关系，如果答案是否定的，那么遗赠人是将个人合法财产遗赠给照顾自己晚年生活的好友，遗赠行为本身并不违反公共秩序与善良风俗，应为有效。我国其他地方法院在处理遗嘱是否违反公序良俗纠纷中已有类似裁决，[②]颇值借鉴。我国《民法典》正式确立起公序良俗原则，并且在继承法领域全盘继受了原《继承法》关于遗嘱自由限制的机制安排。通过检索北大法宝数据库，截至 2022 年 4 月 30 日尚没有因为遗赠"第三者"而判定遗嘱违反公序良俗原则而无效的案例。司法的适用走向仍待观察。

　　引例一、引例二所暴露的司法适用的核心问题是：在遗嘱继承纠

---

①　详见黑龙江省哈尔滨市中级人民法院（2015）哈民二民终字第 767 号民事判决书。
②　详见湖南省长沙市开福区人民法院（2014）开民一初字第 04582 号民事判决书。

纷中，遗嘱自由所承载的私人自治与公序良俗之间是否存在冲突的判定标准不明；尤其是遗嘱自由与公序良俗原则发生冲突后，如何权衡以实现价值判断的最小化与理性论证的最大化。引例三、引例四所揭橥的则是遗嘱自由限制的具体机制——特留份制度该如何解释与适用的问题，亦即究竟是严格解释"没有劳动能力"与"没有生活来源"，还是需要考量其他社会因素，结合生活日常开支、遗产价值来进行综合判断。应该说，以公序良俗原则为代表的法律原则与以特留份为代表的法律规则构成了我国的遗嘱自由限制体系，立法者所抱注的规范功能能否发挥，很大程度上取决于该体系能否通过司法适用落到实处。这也是本书尝试处理的核心议题。总之，对遗嘱自由及其限制缺乏宏观的系统把握，背后义理的贫乏，也许是公序良俗原则之适用在遗嘱继承腹地大打出手的"病症"所在。从判决书原文不难发现，司法官逡巡于意思自治与公序良俗之间，试图用中国基层司法官的智慧找到一种平衡。但在同一法律体系之下，司法官就类似案件做出截然相反之判决，不仅是司法官或败诉方之悲剧，更是对法治的讽刺。

本书首先对限制遗嘱继承的制度沿革追本溯源，力图厘清遗嘱制度在经典法域的发展演变脉络。从对古西亚遗嘱继承雏形的检视，到古罗马遗嘱制度的集成，再到中世纪教会法对遗嘱制度之神性改造，最后落脚到现制的成熟。刚从西方诸国法制思想的丛林中抽身，又一头扎进中国古老的千年传承。由于中华法系"民刑合一"的体例以及"家族本位"的思想，并无专门民法以配置遗嘱制度，故正本清源有一定难度。笔者从商周出发，梳理了遗嘱继承在唐宋前的样态，这一期间为习惯法调整的"黄金时期"。唐宋以降，遗嘱制度方始入律。迄至清代，我国进入了习惯法与制定法并行不悖调整遗嘱继承的双轨制时期。随着清末之修律与民国时期的发展，我国遗嘱制度日渐与世界"大同良规"接轨。

老子有言："执古之道，以御今之有。"对历史的回溯并非以沉迷于考究为目的，实则是检视裨益现制之机理。职是之故，接下来，笔者从横向的视角，考察了世界各国遗嘱现制。大陆法系，以法、德为代表，着重分析其公序良俗原则与特留份制度对遗嘱自由之限制；英美法系，以英、美为代表，追溯其限制遗嘱自由之努力，试图从中寻觅几许可为镜鉴的养分。

纵向的梳理提供了可资假借的普遍经验，横向的考察则为制度嫁接铺平了道路。但是纵横交错之间，难免疏漏，是故需要司法官从体系的高度，以价值为线，将个案正义补缀其间，以便给经济社会生活编织出一张密不透风之网，所谓"法网恢恢，疏而不漏"是也。而编织的技巧与工具，笔者尝试用法律的经济分析来济民法释义学之穷。笔者先排出遗嘱继承过程中不同价值的定位，再引进科斯定理与福利经济学的分析模式，为司法官在面对遗嘱继承中价值冲突时，如何理性操作衡酌之道，提供指引。

接下来，笔者先从广义的角度来理解遗嘱自由之限制，条分缕析我国遗嘱自由管制之现制，针对现制的乏力，试着"回填"一些方法论的元素以济实务之穷。再通过案例的分析，检讨实务中说理论证阙如的弊端。进而试着引入阿列克西的"原则碰撞理论"，以此统合芜乱的现制适用。

笔者驽钝，却着实不想在遗嘱自由限制之论述中拾人牙慧，旧曲重弹的内在推力端在于希冀能在遗嘱自由之限制方面，特别是方法论领域，为司法实务的改进略尽绵薄。毋庸置疑，笔者才疏学浅，知识盲点与个人偏见在所难免。倘本书能隐现几许智识创新之火花，诚笔者对遗嘱自由限制之历史的探源与实务之恳鉴。尤其从体系功能的角度把握法律价值的分野与冲突之解决，引入阿列克西之理论指引司法实务之方向，确为笔者斗胆推测。倘此砖块拙文，幸能引出几许美玉，诚善莫大焉！

第一章　理念回溯：遗嘱限制历史的发展沿革

任何时代的法律，只要运作，其实际内容就几乎完全取决于是否符合当时人们理解的便利；但其形式和布局，以及它能在多大程度上获得所欲求的结果，很大程度上则取决于其传统。①

——霍姆斯

如果想要表现出历史研究方法的优越性，则"遗嘱"在"法律"的一切部门中，是一个最好的例子。②

——梅因

严格说来，在中国历史上并没有形成严密逻辑体系的民法，独具特色的中华法系③使有关民事的少量规范如契约、婚嫁、继承等多散见于刑法典之中，更多的则是由习惯法或族规等扛起调整民事关系的重任。一个基本的法制取舍逻辑是：居乱世，重典治国；稍安定，德主

---

① Oliver Wendell Holmes, Jr., *The Common Law*, Little, Brown and Company, 1948, p. 2.

② ［英］梅因著，沈景一译：《古代法》，商务印书馆1984年版，第98页。

③ 从夏商开始，在长期发展演变的过程中，儒家学说与实际政治相互作用，中国形成了一系列浓郁的东方农耕社会的道德价值观念，塑造了一种伦理法性格。经过历代古圣先贤的努力，中华法系在唐代最终形成，主要有"诸法合体，民刑不分""行政兼理司法"等特征，"礼法结合"成了它的精神底色。参见马小红：《中国法律思想史》，中国人民大学出版社2010年版。

刑辅。① 政治精英们一直在重刑与教化之间游走。囿于此一传统，我国在调整平等主体之间对等正义且逻辑体系完备、操作技术完善的民法领域，可谓建树寥寥。这或许也是为何刑法典在中国法制史上一枝独秀、技压群芳的备选解释。② 清末修律，肇因于垂危的统治而被形势强迫推入了变革的洪流，所谓"折冲樽俎，模范列强"是也。但并不是海纳百川式的"参考古今，博稽中外"，而是"折中世界大同各国之良规，兼采近世最新之学说"且"不戾乎中国数千年相传之礼教民情"。在沈家本、俞廉三等的努力下，法制的近代化进程步履蹒跚地开始了。研议于清末③，修成正果于民国，仍运行于我国台湾地区的"中华民国民法典"才使我国首次有了作为部门法的民法，遗嘱继承作为财产转移的重要方式才有了比较完备的适用规则。清末，在日本法学家的襄助下采德国五编制体例，由松冈义正等撰写的前三编，基本采用西方各国通行的民法原则与法理，而关涉伦理与旧秩序甚大之亲属、继承两编则由修订法律馆会同礼学馆起草，以保持封建纲常不易。④ 但是民国时期兼采德、日、瑞、法、奥诸国成规，则基本实现了继承制度

① 中华法系发展的历史上，虽然整体而言是"德主刑辅"，但统治者在不同的历史阶段，根据当时的具体情况，还是有不同侧重。如国家初定、法家盛行之时，一般是重刑主义，所谓治乱世用重典。秦、明两代便是最明显的例子。这也是商鞅"禁奸止过，莫若重刑"思想的实践。倘若国泰民安，则重新恢复自己的"伦理法"个性，如唐、宋等朝代，更强调教化与劝慰而不是重刑。

② 以法家思想驭世的朝代，如秦、明等，法制以刑典为核心自不待言；集中国封建社会法制大成的《永徽律》也是以刑法典为宗，宋朝更是直接将国家根本法典定名为"宋刑统"。纵观历朝历代，律即指刑，旨趣大体相沿维继。直到清末修律后，才启动法制现代化的进程。

③ 清末修律，民商法亦由沈家本、伍廷芳、俞廉三等主持，1907 年聘请日本法学家松冈义正等外国学者仿行德、日民法典体例与内容，并且对全国各省民事习惯做了细致调查，最终于 1911 年 8 月完成了全部草案。《大清民律草案》共分总则、债权、物权、亲属、继承五编，共 1 569 个条文。其中前三编采西法基本原理，而亲属、继承两编则保留了大量封建色彩浓厚的制度与理念。因辛亥革命的爆发，清廷覆亡，民律草案未及颁布实施。参见赵晓耕主编：《中国法制史》（第四版），中国人民大学出版社 2013 年版。

④ 《大清民律草案》肯认了以父权和夫权为支柱的家长制度，嗣子制度仍然是继承法的重要内容。参见张晋藩主编：《中国民法通史》（下），福建人民出版社2003 年版，第 1130 – 1133 页。

的现代化，申言之，即西方化。1949 年 1 月，毛泽东在《关于时局的声明》中宣布废除国民政府"六法全书"①，几经辗转，最后决定重建法制，刑法典再一次独占鳌头②，而民法典却销声匿迹，一个总纲性的通则一施行就是几十年。③ 值此法治重光、经济社会实践丕变之际，再次回到继受西方法律的起点——考究历史沿革，进而思量制度嫁接之方法——应该说别有风味。更何况，没有了沈家本等先贤们忍受国耻家仇与亡国灭种的紧迫感与被动感，现在更显得从容。社会学领域三位大师④之一的涂尔干告诉我们："要想深刻地理解一种规矩或一种制度，一种法律准则或一种道德准则，就必须尽可能地揭示它的最初起源；因为在其现实和过去之间，存在着密不可分的关联。毋庸置疑，由于这些规矩、制度或准则的运作方式已经发生了转变，所以从原则上讲，它们所依据的原因本身也会发生变化；但是这些转化仍然有赖于它们的发端。"⑤ 那么就让我们在西哲的指引下溯流而上，到遗嘱继承的中、西源头走一遭。

---

① 1949 年，毛泽东宣布"废除伪法统"之后一个多月，中共中央发出《关于废除国民党〈六法全书〉确定解放区司法原则的指示》。

② 现行《刑法》与《刑事诉讼法》于 1979 年 7 月 1 日通过，其中，《刑法》先后修正了十一次，在维护社会秩序、打击犯罪中发挥了至关重要的作用，是除宪法之外，颁行最早的法律。

③ 原《民法通则》颁行于 1986 年，相较于民法典，一个通则的规定过于单薄，这也是司法解释的条文远远超过法律本身的原因之一。从经济分析的角度来看，随着经济社会的变迁，社会关系的日益复杂化，我国的民事立法供给是滞后于应求的。

④ 古典社会学理论的三大奠基人分别是：法国的爱弥尔·涂尔干，主要著作有《社会分工论》（1893）、《社会学方法的规则》（1895）、《自杀论》（1897）、《宗教生活的基本形式》（1912）等；德国的卡尔·马克思，在社会发展阶段方面将社会分为原始、奴隶、封建、资本主义和社会主义社会，著有《资本论》等；德国的马克斯·韦伯，著名社会学家、政治学家、社会理论家，也是现代最具生命力和影响力的思想家之一，社会学创立以来最伟大的社会学家之一，一生笔耕不辍，主要有《儒教与道教》（1915）、《新教伦理与资本主义精神》（1920）、《经济与社会》（1922）等。

⑤ ［法］爱弥尔·涂尔干著，汲喆、付德根、渠东译：《乱伦禁忌及其起源》，上海人民出版社 2003 年版，第 3 页。

第一节　欧陆遗嘱限制之流变

当下，世界通行遗嘱继承现制大抵以欧美为宗，作为现代法制策源地的欧洲自不待言。这套法治文明无论是伴随着历史上老牌资本主义国家的强力殖民得以被动地建立，还是新兴国家为自强计而修内政主动地移植，皆促成了西方法律的基本理念、原则与制度形成现今的风靡之势。所以笔者追本溯源，便从西方始。

一、古西亚之先声

在民法上缔约过失责任的发现者耶林有言，罗马人曾三次征服世界，统一了诸民族，其中，第三次是中世纪对罗马法的继受，使诸民族有法之统一，唯有法律对世界之征服是最为持久的。[1] 职是之故，法律学人一般怀揣这样的信念：但凡论私法现制，言必称罗马法，给人舍罗马则无其他发源的表象。实则不然，仅以遗嘱继承论，古代西亚地区的民法要素便不断为之提供滋养。诚如美国学者威尔·杜兰所论："今天的西方文明，也可说就是欧美文明。欧美文明，与其说系起源于克里特、希腊、罗马，不如说系起源于近东。因为事实上，'雅利安人'并没有创造什么文明，他们的文明系来自巴比伦和埃及。希腊文明，世所称羡，然究其实际，其文明之绝大部分皆系来自近东各城市。"[2] 且不论威尔·杜兰的论述有言过其实之嫌，但就残存的古代法典考究，中东着实走在前头。是故，追本溯源从"中东文明"启程或更具有返璞归真的意味。

（一）遗嘱继承[3]的理念支撑

一般而言，遗嘱继承制度的应运而生需要两个基本要素：其一，

---

① 费安玲主编：《罗马私法学》，中国政法大学出版社 2009 年版，第 1 页。

② ［美］威尔·杜兰著，幼狮文化公司译：《世界文明史——东方的遗产》（卷一），东方出版社 1999 年版，第 125 页。

③ 此处遗嘱继承主要是指财产继承，而有别于传统的继承制度，包括宗祧继承、祭祀权继承、财产继承。

个人意志自由之存在，这是遗嘱制度之基石；其二，享有独立的财产所有权，舍此，则遗嘱言之无物。透过西亚地区古老的诸多法典及其所投射的历史画卷，有理由相信，遗嘱继承及限制制度在动荡不安的"两河流域"① 已然有了雏形。问世于苏美尔后期的《乌尔纳姆法典》，虽具体时间难考②，但并不妨碍其成为迄今所知人类历史上最早的法典。③ 该法典第 5 条、第 14 条、第 21 条④规定了对奴隶的所有权，紧接着在第 27 条、第 28 条、第 29 条⑤将土地所有权纳入其中。由此可见，"我的"这一私有制理念、私有财产与所有者利益之保护在该法典竭力维护所有权的尝试中皆有所折射，同时，该法典有关个人身体完整、个人财产与人身自由之规定也强化了意志自由的意思。这一成果为后世法典所沿袭，如当今民法的首要价值私权神圣即在《苏美尔法典》中有明确表示，法典第 1 条、第 2 条、第 3 条开宗明义地阐明了私有财产神圣不可侵犯，对私有财产之保护已上升到国家根本法典的程度，这也反映了两河流域经济发展已经达到相当水平。从该法典第 4

---

① 美索不达米亚（Mesopotamia），希腊语的意思是指底格里斯河与幼发拉底河之间的土地，原义为"河间地区"，亦称"两河流域"。通常，"美索不达米亚文明"与"两河流域文明"指代相同。美索不达米亚平原是人类四大文明发源地之一，其农业、商业、工业获得了长足发展，政治、法律、文学、天文、算学成就之高超，特别是创造了楔形文字，使其成为人类文明史上的璀璨明珠。该地区 6000 年前已有较发达的文明，曾出现苏美尔、阿卡德、巴比伦、亚述等文明。历史上此地区征伐不断，先后被波斯、马其顿、罗马与奥斯曼土耳其等帝国统治。

② 一般认为源于乌尔纳姆统治之年代（公元前 2113 年至公元前 2096 年），但是关于法典之颁布时间学界见解不一，有认为是其子舒尔吉（公元前 2095 年至公元前 2048 年）在位时颁布的。参见 Russ VerSteeg, *Early Mesopotamian Law*, Carolina Academic Press, 2000, p. 19.

③ 参见朱承思、董为奋:《〈乌尔纳姆法典〉和乌尔第三王朝早期社会》,《历史研究》1984 年第 5 期。

④ 参见 Russ VerSteeg, *Early Mesopotamian Law*, Carolina Academic Press, 2000.

⑤ 本章所据以分析的法典条文除少量乃笔者阅读外文文献翻译之外，其他主要以《外国法制史资料选编》（北京大学出版社 1982 年版）为研议基础。

条、第 5 条保护有产者私产可见，"家长"① 已经拥有对财产的绝对支配权，可以任意处置、租赁，或用其他方式使用财产。当然，需要指出的是，当时的私权保护与文艺复兴时期和启蒙运动后以"财产即人格""天赋人权"等理念为基础建构的所有权绝对原则无疑存在质的分野。古巴比伦时期的《李必特·伊丝达法典》《俾拉拉马法典》对私有财产以及意志的独立之涵泳皆承袭前朝法典之硕果，尤其是集大成的《汉谟拉比法典》，民事规范居于主导之地位，而且编排体例系按照"私有财产""不动产""商务""亲属""伤害""劳动"而设计，对私有财产之重视可见一斑。

（二）继承主体的限制规定

作为调整对等正义之民法，运行的先决要素即明确对等之"两造"，主体制度自然是法典开宗所需着手之事。遗嘱继承制度之操作，也以主体之明晰为先决条件。随着社会交往的日益复杂化，古西亚地区人之身份进一步分化。《乌尔纳姆法典》将人分为自由民（其中包括准自由民）②、劳动者③、自由妇女④、奴隶。其中除奴隶不享有主体资格外，其他人皆可成为继承关系之主体。另外，《李必特·伊丝达法

---

① 家长在家族中权力非常大，苏美尔人也特别关注对家长权之保护，子女必须听命于父母，其教育、婚姻等皆由父母主持，甚至从父亲的角度观之，子女不过是其私有财产。因此，不孝在苏美尔时代属罪大恶极，一个不孝之子，不但要遭受刑法，而且将被剥夺自由民之身份，贬斥为奴，标价而沽。参见何勤华、魏琼主编：《西方民法史》，北京大学出版社 2006 年版，第 11 - 12 页。

② 苏美尔人称呼自由民的"lu"即男人或占有房子的人之意；笔者以"准自由民"来指称该法典的另一术语"dumu-gi"，字面理解为"本地的儿子"，被解放的奴隶也可涵盖其中，是法律所创制的一种类似自由民的身份。

③ 苏美尔社会的等级制度非常脆弱，因为它的等级并不像中世纪欧洲那样固化僵硬，而是可以变动，作为社会最底层的人被法典以区别于自由民的身份（劳动者）加以规定。参见何勤华、魏琼主编：《西方民法史》，北京大学出版社 2006 年版，第 4 - 5 页。

④ 一般而言，自由妇女被认为是具有完全民事行为能力人，具有诉讼、作证、作为合同当事人等资格，之所以区别于自由民，主要是妇女自由与否，取决于其是否享有家父权。

典》以现今幸存之法典残片观之，异于东西方传统继承制度浓厚的身份色彩（身份与祭祀权之继承乃继承制度之核心，而财产之继承屈居附属地位），古西亚地区民法继承主要乃财产继承。该法典以婚姻关系的存在和血缘的相近程度作为确定继承主体之根据。迄今所保存下来的世界上第一部最完整之成文法典《汉谟拉比法典》于第165—184 条对继承做了专门规定，且继承制度开篇即确立遗嘱继承之地位。第 165 条规定："倘自由民以田园房屋赠与其所喜爱之继承人，且给他以盖章之文书，则父死之后，兄弟分产之时，此子应取其父之赠物，此外诸兄弟仍应均分父家之财产。"显然，遗嘱效力得到法律之肯认，且辅之以必要形式之限制。虽然诸多古老法典的主体制度略显粗糙，但在简陋的初民社会对主体制度有相当之衡酌已难能可贵。

（三）遗嘱继承规制设计

《李必特·伊丝达法典》响应特有的风俗习惯①，强调神妻也是继承主体之一（第 21 条），无疑是对男性作为唯一继承主体的一种变相规制，以平衡社会冲突；再者，该法典还确立对未生子之妻的特别保护，即其享有法定的"家产"，不得被剥夺。《汉谟拉比法典》中的继承制度对弱势女性之保护亦可谓不遗余力，如该法典第 171 条规定，丈夫死后，妻子得享有自己陪嫁物之支配权，而且其夫可专门立下遗嘱确定赠予孀妇之赡养费，不过这一遗赠财产之使用，受赠人——遗孀——必须在严格监控下使用，不得交易，而且最终需由子女继承。换言之，遗嘱所处分之财产，其用途与最终流向受到严密管控，受赠人并不享有独立支配之地位。

甚至有学者指出，现在世界争奇斗艳、各领风骚的两大法系（罗马—日耳曼法系与盎格鲁—撒克逊法系），其雏形或可追溯到美索不达米亚平原。考古发掘充分地证实了用法律确立阶级统治、规范社会秩

---

① 早期西亚，女人属于神和神庙，被称为神的眷属，是苏美尔女孩以及整个家族一种无上的荣耀。因此法律强调神妻也是继承主体之一。

序和人们的行为并非欧洲人的发明，而是生活在西亚地区的人类首创。①

文字与法律因此也成为美索不达米亚地区社会动荡中最为永恒的两大成就。② 当然，应该看到，古老的成文法典中的继承规定主要滥觞于习惯法，真正扛起行为指引与纠纷解决之责的则是世代相传的口头规则，这也符合初民社会有关规范演进之逻辑。③

二、古罗马之端绪

诚如前文所述，人类文明史上两颗璀璨的明珠古希腊和古罗马亦在"美索不达米亚文明"的影响范围之内。为了解决无子之人则无人侍奉先祖之弊，古希腊梭伦时期的法律明确赋予无后之人以遗嘱收养儿子之权，当然在形式与内容上对之做了严格限制。只有到了古典时代末期，才对遗嘱自由的苛严限制松绑。应该说欧陆遗嘱继承现制之直接蓝本取法于古罗马人。诚如恩格斯指出："罗马法是纯粹私有制占统治地位的社会的生活条件和冲突的十分经典性的法律表现，以致一切后来的法律，都不能对它作任何实质性的修改。"④

（一）遗嘱继承主体概观

法律制度之演变轨迹往往揭橥经济社会生活实践的变迁，是故，遗嘱继承主体制度之沿革为我们了解古代罗马社会之继承法制提供了一把钥匙。在古罗马的遗嘱继承中，立遗嘱之首要目的并非分割财产，而是指定继承人。⑤ 而且，"没有指定继承人或者指定的继承人不具有

---

① 何勤华、魏琼主编：《西方民法史》，北京大学出版社 2006 年版，第 9 页。
② 何勤华、魏琼主编：《西方民法史》，北京大学出版社 2006 年版，第 2－3 页。
③ 一般而言，法律对行为的调整，经历了从个别调整到一般调整，由习惯演变为习惯法，再发展为成文法，法律、道德、禁忌混为一体，最终分化到相对独立的过程。参见舒国滢主编：《法理学导论》，北京大学出版社 2006 年版，第 266－267 页。
④ 《马克思恩格斯全集》第 21 卷，人民出版社 1965 年版，第 454 页。
⑤ 参见费安玲：《罗马继承法研究》，中国政法大学出版社 2000 年版，第 105 页。

效性的遗嘱当然无效"①。正如盖尤斯所说:"如果我们想审查遗嘱是否有效,首先我们应当看看立遗嘱的人是否具有立遗嘱的资格。"② 因此首先探讨遗嘱继承主体之制,确实兹事体大。遗嘱继承可远溯至《十二铜表法》,主体制度已随着社会之变迁几经更迭,最后形成了比较完善的"遗嘱继承关系人"③ 制度。

其一,在罗马法上可以作为遗嘱人或遗赠受赠人的前提是享有财产权且继承权完整,二者缺一不可。当然,已出嫁之女一般不得继承。④ 其二,必须具有独立人格和完全民事行为能力。⑤ 在古罗马无疑只有家父才同时兼具二者,至于法律出于特殊之安排(如占有军役特有产与准军役特有产之人),亦必须在战时方能跳出这一主体限制的藩篱。另一个重要前提即市民身份与法定适格之年龄。其三,罗马法以抽象之积极规范明确遗嘱继承关系人之范畴后,又开列出了消极规范之情形,兹简扼述之:聋哑人与失明人⑥;被敌军俘虏之人⑦;被处刑

---

① 费安玲:《罗马继承法研究》,中国政法大学出版社 2000 年版,第 105 页。

② [古罗马]盖尤斯著,黄风译:《法学阶梯》,中国政法大学出版社 1996 年版,第 118 页。

③ 笔者此处刻意以"遗嘱继承关系人"代替"遗嘱继承主体"一词,系由于罗马人在继承人与遗嘱人这两类直接主体之外创设了遗嘱证人、遗赠负担人等制度,是故以前者代替后者更显精确。当然"遗嘱继承关系人"取法于费安玲教授名著《罗马继承法研究》之论述,特在此释明。

④ 参见[法]古郎士著,李玄伯译:《希腊罗马古代社会研究》,中国政法大学出版社 2005 年版,第 54 页。

⑤ 参见费安玲:《罗马继承法研究》,中国政法大学出版社 2000 年版,第 107 - 117 页。

⑥ 罗马法早期规定:"聋者与哑巴不能立遗嘱。"D. 28,1,6,1. 参见费安玲:《罗马继承法研究》,中国政法大学出版社 2000 年版,第 111 页。到查士丁尼时代,稍有放宽,并对聋哑人做缩小解释。

⑦ 罗马法中,被俘虏者在被俘期间丧失了罗马市民身份与自由权,所以其行为能力存在瑕疵而影响到其订立遗嘱之能力。

法之人①；身份不明确者；精神病人；浪费人②；未成年人；妇女③。

（二）遗嘱继承方式考察

遗嘱作为财产转移的主要方式之一种，同时兼具浓厚的身份色彩，在古罗马，其必须为要式法律行为。其演变的大致脉络可分为三个主要阶段：其一，市民法时期。这一时期，主要有两种订立遗嘱的方式：民众会议遗嘱与战前遗嘱。前者发生于和平时期，由大祭司主持专门的民众会议，遗嘱人需当面宣告自己的遗嘱内容，并听由与会者评议后裁决。后者是指参加战争入伍之前，未能立民众会议遗嘱者所立之遗嘱，此为口头宣示内容并由战友为之见证。前述两类遗嘱皆需付诸民众会议公论，而公论之结果并不一定契合遗嘱人之意思，甚至与遗嘱人意思相悖者亦不乏其例。无论是遗嘱的公开性、程序的烦琐性，还是"非死后生效性""非可变性"，皆将"公益"挹注于遗嘱自由之制度中。其时也，对遗嘱方式限制之严，诚如孟德斯鸠之评价："与其说是民法上的行为，毋宁说是政治法上的行为；与其说是私法上的行为，毋宁说是公法上的行为。"④ 其二，大法官法时期。共和国末期，经济社会实践的变迁使僵化的民众会议遗嘱与战前遗嘱无法满足现实的需求，是故，要式买卖遗嘱便应运而生，其又称为铜式遗嘱，即通过要式买卖与公告之程序以及在五个罗马市民见证之下聘请司称，遗嘱人在见证人与司称前以遗嘱之方式将家产以要式买卖之方式卖给买

---

① 例如，倘某人被放逐，其在之前与之后所订立之遗嘱无效；被判处监禁者不但丧失自由而且财产充公，当然也丧失立遗嘱之能力。

② 因挥霍无度而被禁止管理自己事物之人，类似于现在的禁治产人。

③ 在古罗马，一般的法律并不当然适用于妇女，早期，妇女被定性为限制行为能力人，纵使成年亦受男性之监护。后来发展为"圣洁的女子"有立遗嘱之权。及至哈德良时代，才规定立遗嘱之女子，其年龄不得低于 12 岁，鉴于可供女性处分之财产寥寥，故形式上的意义远大于实质之意义。

④ ［法］孟德斯鸠著，张雁深译：《论法的精神》（下册），商务印书馆 2002 年版，第 203 页。

受人。① 由于此方式书面程序过于烦琐，后来大法官谕令顺势应时，首创只要有七个见证人即可设立密封遗嘱，而不论是否有买卖方式之举行。当时，遗赠从内容到形式亦受到相当之限制。如遗赠必须采用书面形式，"各特定用语，或记载于遗嘱书，或另以'遗赠证书（codicillus）'记载之"②。在早期限制更严，遗赠之书写文字限于拉丁语，后来才渐次松绑。其三，帝政后期。随着财产的继承日渐被经济社会发展"扶正"，遗嘱的方式更趋简化。如密封遗嘱进化为口述遗嘱，不再需要司称和买受人。及至此时，罗马人既享有自行制作遗嘱之权，同时亦可由官方登记备案，二者皆受法律的保护。由此可知，历史的车轮驶至此处，现代遗嘱的全部形式已初具雏形。

（三）遗嘱自由藩篱预设

遗嘱在实现基本的宪政价值自由的同时，亦肩负着法律内置的秩序价值与引导善行、淳化风俗的任务，是故，遗嘱不单是纯粹的私人事务，更是助力经济社会秩序的重要一环，诚如帕比尼安的著名论断："遗嘱权不是一种私权，而是一种公法之权。"③ 公法以调整和保护"公益"为宗，一部遗嘱继承的演进史从某种程度而言，实则是"公益"与自由之间的博弈史。寻求价值的平衡以使体系功能发挥最佳化是民法谆谆以求的目标，关于价值博弈的论述，本书第三章将做系统的阐释，兹不赘言。立法者无论是汲汲于主体的规制，还是不遗余力对形式的考究，皆围绕着这一目的"打转"。前文所揭示的主体的限制与遗嘱形式的规制皆是价值平衡在立法领域的折射。古罗马为遗嘱量身打造的藩篱，成效最直接的无异于对遗嘱内容的限制。限制缘于自由的恣意，在家子与军人分别获得"特有产"和"军役特有产"并且独立享有处分之权开始，家庭财产与个人财产实现了分离，遗嘱处分

---

① 参见［古罗马］盖尤斯著，黄风译：《法学阶梯》，中国政法大学出版社 1996年版，第 114 页。
② 陈允、应时：《罗马法》，商务印书馆 1931 年版，第 463 页。
③ 费安玲：《罗马继承法研究》，中国政法大学出版社 2000 年版，第 109 页。

财产的现象在古罗马日渐出现泛滥之势。于是乎，"遗嘱逆伦之诉"①承担了捍卫人伦道德的使命，使近亲法定继承人能在遗产中获得一份法定的份额。公元前 83 年以后，先后颁布的关于遗嘱的《富利亚法》（*Lex Furia Testamentaria*）规定遗赠的财产不得超过 1 000 阿斯，《沃科尼法》（*Lex Voconia*）则将继承人所得的份额设定为受遗赠人所得遗赠的"警戒线"，《法尔其第法》（*Lex Falcidia*）中规定了"四分之一原则"②。最终，查士丁尼在《法学阶梯》中正式确立"特留份制度"③，而且为使之不被架空浮于形式，后来专门设计"特留份追补诉"这一制度配置来保驾护航。

　　总之，罗马人法律理智的早熟，使人类现代法律文明获益良多。所以梅因才由衷赞美道："因含有'遗嘱'的法律，都是来自罗马法。"④ 早在《十二铜表法》时代即对遗嘱做了详尽规定，如规定了制定及承认制度、委派监护人、解放奴隶等内容，后来更是建立了完备的遗嘱主体、遗嘱方式、遗嘱限制等制度。体系是如此精当，以至于恩格斯发出"它是我们所知道的以私有制为基础的法的最完备形式"的赞叹。⑤ 罗马人对立遗嘱的重视，再怎么强调亦不为过，因为遗嘱在

---

① 遗嘱逆伦之诉，是指当立遗嘱人遗漏了法定继承人的应继份额时，该法定继承人可以提起此诉，以获得法律救济。参见费安玲：《罗马继承法研究》，中国政法大学出版社 2000 年版。

② 该规则原文：在本法通过后，每一个立了遗嘱的罗马市民，希望依共和国法律将一笔钱遗赠给任何一个罗马市民，他具有该权利和义务，只要该遗赠的给予不会导致继承人们依遗嘱获得的遗产少于四分之一份额即可。转引自费安玲：《罗马继承法研究》，中国政法大学出版社 2000 年版，第 256 页。

③ 原文如下：因为尊亲剥夺其子女的继承权或遗漏他们，通常没有原因，人们允许抱怨不公正地剥夺了继承权或不公正地被遗漏的子女，可以遗嘱人在订立遗嘱时心智不健全为借口，就遗嘱不合义务起诉。但这并非说遗嘱人是精神病人，遗嘱确实是正当订立的，不过未根据亲情的义务订立。事实上，如果遗嘱人真是精神病人，则遗嘱无效。参见桑德罗·斯奇巴尼选编，费安玲译：《民法大全选译·遗产继承》，中国政法大学出版社 1995 年版，第 87 - 92 页。

④ ［英］梅因著，沈景一译：《古代法》，商务印书馆 1959 年版，第 112 页。

⑤ 《马克思恩格斯选集》第 3 卷，人民出版社 1995 年版，第 445 页。

罗马被视为一种人格延续之器，相较于财产的继承，遗嘱是"把家族代表权转移给一个新族长的许多方式中的一种"①。贵为元老的老伽图一生追悔莫及的三件事之一即是：整天过去而没有留下遗嘱。② 家父的死亡"代表家族集体组织和对于市政审判权负有主要责任的人，换一个名字而已。所有原来依附于死亡的族长的种种权利和义务，将毫无间断地依附于其继承人"③，而这一家族的传承重任则由遗嘱扛起。如此种种，也就不难理解为何罗马人为遗嘱制度投入如此多的心力，功课做得如此之深，也自然无须惊讶于在罗马的继承制度中可以清晰地看到现代继承制度方方面面的基本雏形。

三、中世纪之发展

随着罗马帝国的衰落，罗马法的影响也日渐式微。公元 476 年西罗马帝国灭亡，在其废墟之上，北部蛮族——日耳曼部族——建立起大大小小的封建王国。罗马法早熟的法律精神强调对私有财产的保护和个人意志的自由，而其后继者日耳曼人仍处于原始的部落时代。正如恩格斯指出的："罗马法及其对私有财产关系的经典分析，在日耳曼人看来简直是荒谬的。"罗马法除了在东部拜占庭帝国继续沿用发展外，在西欧已经沦为习惯法范畴。遗嘱自由再次在西欧大陆销声匿迹，日耳曼法排斥遗嘱的存在，只是在以罗马法为习惯法的地区仍间或有遗嘱的印痕。④

（一）遗嘱继承制度之重光

在罗马法尘封数百年之后，遗嘱再次在欧洲面世，这主要得益于中世纪时期无所不及的宗教影响，这一历史阶段，宗教乃市民生活的

---

① ［英］梅因著，沈景一译：《古代法》，商务印书馆 1959 年版，第 111 页。
② ［古希腊］普鲁塔克著，陆永庭等译：《希腊罗马名人传》（上册），商务印书馆 1999 年版，第 189 页。
③ ［英］梅因著，沈景一译：《古代法》，商务印书馆 1959 年版，第 106 页。
④ 中世纪的欧洲，"曼兮帕蓄"遗嘱方式即要式买卖遗嘱仍在使用。参见［英］梅因著，沈景一译：《古代法》，商务印书馆 1959 年版。

一部分，各种制度皆打上了深深的神圣性烙印。教会出于自身利益的考虑，在教会法学家的努力下形成了一套完整的遗嘱继承体系。伯尔曼描述道："当时，神职人员对于'上帝的保留份'具有很大的兴趣，特别是，当某个教士获悉某人将死的消息后，便会赶去提醒他对其罪孽的救赎义务，提醒他将他的财产留作宗教或慈善事业之用，例如建设教堂或救济穷人。一个将死之人的'临终之语'无论是否写成文字都具有法律效力，这一规则已传入整个欧洲。"① 相较于罗马法，这样以临终忏悔所立的遗嘱已大大简化，而且其他一般的口头遗嘱往往被认为有效，甚至口头遗嘱可以作废先前所立的书面遗嘱。② 遗嘱见证人也从原来罗马法的 7 人减少为 3 人。③ 这是对书面遗嘱的改进。为增加教会的受遗赠规模，教会法又进一步强化了妇女遗嘱权，并确立了"寡妇财产原则"。通过一系列制度的革新，向来以"异端审判"和"火焰"来展示权威的中世纪宗教，此时竟因为逐利的本性而意外地成就了遗嘱自由继罗马法后的"第二春"。教会法对遗嘱关系人的变革不仅限于遗嘱见证人制度，其首创的遗嘱执行人制度更为遗嘱继承制度的发展开辟了新的战场。

（二）遗嘱自由制度之检讨

中世纪欧洲，教会法的贡献主要在于对遗嘱自由的推进，至于规制遗嘱自由的尝试，则远逊于斯，但亦非乏善可陈。独具特色的"特留份制度"即是一例。古罗马时代，"特留份"乃一种救济的方式，即遗嘱滥用了其立遗嘱的自由，而后才有"特留份"适用的可能。然而，教会法的"特留份"与现今大陆法系国家的遗嘱继承制度血缘更近，即将"特留份"视为固有家产，这根植于自然法理念：法律或习俗可

---

① ［美］伯尔曼著，贺卫方等译：《法律与革命——西方法律传统的形成》，中国大百科全书出版社 1993 年版，第 279 页。
② 参见何勤华、魏琼主编：《西方民法史》，北京大学出版社 2006 年版，第 216－217 页。
③ 教皇亚历山大三世以教令的方式宣布，个人对于宗教的遗赠，只要有 1 名教士与 2 或 3 个其他人士出席即为有效。

以减少子女继承父母财产的份额，但是不可剥夺他们全部的继承权利。[1] 根据日耳曼古老的观念，一个男子的遗产应由三部分构成：一份属于妻子，一份留给子女，另一份自由处分。倘没有子女，则一半由妻子继承，另一半自由处分。倘既无妻子又无子女，则遗嘱自由得到绝对的贯彻。

总之，教会法对遗嘱方式、遗嘱内容、遗嘱关系人等的制度变革，使严格限制遗嘱自由的河堤决口，虽然遗嘱自由称不上泛滥成灾，但是一泻汪洋的气势已然不可阻挡。宗教法令可恣意而持久地"忤逆"习惯，且以新的习惯代之。正如史尚宽先生的评述："因此教会之奖劝及渐次加强个人主义之思想，遂使'为家之遗嘱'变为'为个人之遗嘱'。"[2] 虽然遗嘱自由跃过法定继承与传统习惯这一"龙门"时，教会法的推波助澜功不可没，但是以基于日耳曼观念的"特留份"对遗嘱自由的检讨为近现代大陆法系规制遗嘱继承铺好了基座。

四、近现代之集成

近代大陆法系各国遗嘱继承制度大都从古西亚、古罗马汲取养分，并直接师法中世纪教会法中的遗嘱继承制度。1804 年《法国民法典》以《法学阶梯》的体例创立了拉丁语系的大陆民法传统，一个世纪之后的《德国民法典》以《学说汇纂》为蓝图构建了逻辑堪称典范的潘德克顿式民法体系。随着法国与德国影响力的扩张，大陆法系民法迅速在全球扩张，其严密的逻辑体例与精确的法律适用技巧使法治后起国家争相效法，如日本、中国等皆是个中翘楚。大陆法系最终确立了自己的世界性法律体系的地位，诚可谓："罗马法学家拓展了法律规则，在近两千年来的历史中，这些法律规则已经扩张到足以运用于完

---

[1] 参见何勤华、魏琼主编：《西方民法史》，北京大学出版社 2006 年版，第 224 页。

[2] 史尚宽：《继承法论》，中国政法大学出版社 2000 年版，第 396－397 页。

全异质的文化中。"① 英美法系国家笃遵经验主义而发展起来的判例法传统异质于大陆法系的法典化，其遗嘱继承制度亦是另辟蹊径，如未构建大陆法系规制自由的特留份制度，但又创设了一些相对应的制度（寡妇产和鳏夫产等）。由于本书第二章将从比较法的视角加以阐释，为避免重复累赘，兹不详述。

第二节　中国规制遗嘱之传统

诚如前述，近代意义上的遗嘱继承制度孕育于"两河流域"，正式确立于古罗马的《十二铜表法》，发展于中世纪，最后，由《法国民法典》《德国民法典》加以吸收革新延展到世界各地，蔚为主流之一。然而，世界的东方，由于家族本位与宗法伦理的禁锢，使得遗嘱继承这一以个人财产独立于家庭财产为先决条件的制度，在我国几千年历史上建树寥寥。虽难谓建立了如罗马法一样完备的制度，但史料亦不乏关于遗嘱的零星记载，见于《国语·周语上》《左传·鲁哀公三年》及《后汉书·樊宏传》等史书。而正式以法律加以规制则自唐代始。②

一、唐宋前之概观

古代中国对遗嘱有不同的称谓，如遗命、遗言、遗诏、遗令、遗表。虽然处理的事物堪称驳杂，但以立嗣为主要内容的格局却是千古不易。东西方初民社会遗嘱继承的特性雷同，即财产之继承仅仅是身份继承的"附属物"，并不具有独立地位。在周公制礼定分确立"嫡长

---

① John J. Hogerty Ⅱ, Reflections at the Close of Three Years of Law School: A Student's Perspective on the Value and Importance of Teaching Roman Law in Modern American Law Schools, *Tulane Law Review*, Vol. 66, No. 6, 1992, pp. 1889 – 1902.

② 参见史尚宽：《继承法论》，中国政法大学出版社 2000 年版，第 395 页。

子继承制"以前，根据现有史料考证，主要推行"兄终弟及"制。① 在无法定继承机制的时代，被继承人自己的意志往往在继承中具有决定性影响。这也正是有学者据此推测殷商存在遗嘱继承制的理由。② 周公以前遗嘱继承制存在的另一佐证即古公亶父悖于习惯由第三子季历继承王位的遗言。③

真正以遗嘱作为财产转移的方式，最早可追溯至秦汉。④ 魏晋南北朝时期，随着经济的发展，以遗嘱处分财产的情形日渐增多，而且对遗嘱自由的限制略显薄弱，如家长可以任意剥夺其子的继承权，⑤ 亦可以决定继承人的人选，同时可以将财产遗赠给血缘关系之外的人。南朝甚至还出现了女子亦得依遗嘱享有继承权的实例。⑥ 从这一时期的案例不难看出，遗嘱不但是财产转移的重要依据，而且是司法官判决的准绳。换言之，国家承认民间习惯对于遗嘱继承的安排，并赋予其法律效力。因此，唐宋以前为习惯法调整遗嘱继承的"黄金时代"。与此相应，伦理观念及习惯传承成为限制遗嘱自由逾矩的准绳。

二、永徽后之承续

我国以成文法方式规定遗嘱制度始于李唐。⑦ 遗嘱继承以正式法律

---

① 如从成汤到帝辛三十帝中，弟继兄位者十四人，以子继者亦多非兄之子而是弟之子。参见王国维：《王国维论学集·殷商制度论》，中国社会科学出版社1997年版。

② 参见张光直：《商文明》，辽宁教育出版社2002年版，第171页。

③ 参见《左传·僖公五年》《史记·周本纪》和《史记·吴泰伯世家》。

④ 参见《折狱龟鉴》卷八《严明》。

⑤ 据《晋书·石苞传》记载，石苞临终前立遗嘱将财产分与诸子，唯独不与其子石崇，其母不知何意，石苞答之曰："此子虽小，后能自得。"

⑥ 据《宋书·谢弘微传》记载："公私咸谓室内资财，宜归二女，田宅、僮仆应属弘微。"

⑦ 唐代《户令·应分条》将诸子均分之习俗肯认为成文法。具体记载如下："诸应分田宅者及财物，兄弟均分。妻家所得之财，不再分限。兄弟亡者，子承父分。兄弟俱亡，则诸子均分。其未娶妻者，别与聘财，姑姊妹在室者，减男聘财之半。寡妻妾无男者，承夫分，若兄弟皆亡，同一子之分。"

概念出现则始于宋代，据《宋刑统·户婚》记载："若亡人在日，自有遗嘱处分、证验分明者，不用此令。"此即遗嘱继承优于法定继承是也。在宋代，随着商品经济的发展，个人支配的私有财产获得急剧增长，同时也催生了财产传承的需求，在此背景下遗嘱继承也日益为立法者所重视。如宋仁宗天圣年间以法令明定："若亡人遗嘱证验分明，并依遗嘱执行。"① 嘉祐年间，立法者颁布《遗嘱财产法条》更是充分尊重遗嘱人的个人意志，甚至遗嘱之效力可以改变法定继承之份额，对严格限制的"松绑"也从侧面折射出宋代商品经济的发展给财产制度和法律带来的冲击。但是宋代遗嘱并非绝对自由。首先，法律特别为承分人权益保护做出了安排，即规定"户绝"为立遗嘱的前提条件。② 倘有承分人存在，那么并无遗嘱的适用空间。其次，遗嘱必须公证，否则无效。③ 也即法律对遗嘱的形式严格限定于"公证遗嘱"，这无疑乃防免司法恣意和审慎尊重习惯的选择。因为，当是时，遗嘱往往是司法官裁判的依据。再次，订立遗嘱的形式亦有严苛的程式④，如遗嘱的订立需要亲族见证人、画押等要求。最后，伪造遗嘱被认为是一种犯罪，将遭受严厉刑罚⑤，显然，这种对遗嘱人意思的保护远甚于欧陆相对应的举措，然而这也是我国古代民刑不分，以刑代罚的法律精神使然。当然，中华法制从萌芽开始即采德主刑辅，伦理道德肆意

---

① 详见于《宋会要辑稿·食货》。
② "在法：诸财产无承分人，愿遗嘱与内外缌麻以上亲者，听自陈，官给公凭。"详见于《名公书判清明集》（上册），中华书局1987年版，第304页。
③ 如"设果有遗嘱，便合经官印押，执出为照"，"今徐二之业，已遗嘱与妹百二娘，曾经官投印，可谓合法"，摘录自《名公书判清明集》（上册），中华书局1987年版，第262、304页。该书收集的案例中，遗嘱有效与否的认定以"官凭"为准。
④ 参见薛梅卿、赵晓耕主编：《两宋法制通论》，法律出版社2002年版，第324页。
⑤ 案例参见《折狱龟鉴》卷六《核奸》，凡"遗嘱非真"而"骗取钱财者"，皆"勘杖一百，编管邻州"。

进出法律者众，汉代更是直接以《春秋》决狱①，是故，倘遗嘱悖于"天理""人情"，会毫不犹豫地否定当事人意思的效力②。这其实更传输了"秩序"价值的预设，质言之，在中国，遗嘱头上的"紧箍咒"在本质上不是西方的"特留份"，亦不是表面宣扬的"人情伦理"，而是统治者背后的秩序追求。这也是立法向习惯妥协的内在逻辑。可以说中国的司法官不断地穿梭于制定法与习惯法的高墙之间，努力寻找二者的中道平衡。习惯依赖于传统，靠人们的自觉与舆论运行于经济社会生活，从民间到庙堂，从大众到司法官往往都自觉或不自觉地在文化传统与民间习惯的引诱下，置换制定法，而获得双赢的法律产出。正是由于习惯的这一灵动特质，使法治发达国家的法制从不曾割舍习惯这一法源，甚至直接以正式法典定之，或扩张司法官适用民间习惯的自由裁量权，以保持法体系的开放性。③ 这也许就是所谓"刑政不用而治，甲兵不起而王"（《商君书·画策》）的社会愿景。

---

① 《春秋》为一部经书，但至汉代，儒学兴盛，该书的巨大影响投射到政治生活与法律制度中。当时的公羊学大师董仲舒更是极力将之作为断案依据，并以《春秋》经义附会汉律，"作《春秋》决狱二百三十二事"，以指导司法实践和解释法律，参见《汉书·董仲舒传》《汉书·应劭传》。

② 据《袁氏世范》记载："遗嘱之文，皆贤明之人为身后之虑。然亦须公平，乃可以保家。如劫于悍妻黠妾，困于后妻爱子中有偏曲厚薄，或妄立嗣，或妄逐子，不近人情之事，不可胜数，皆所以兴讼破家也。"由此可见，存天理，限人欲，亦为遗嘱制度的题中之义。

③ 如《瑞士民法典》第一条："本法未规定者，审判官依习惯法；无习惯法者，自居于立法者地位时，依所应制定之法规裁判之。"《日本法例》第二条："不违反公共秩序及善良风俗的习惯，限于依法令规定被认许者或有关法令中无规定的事项者，与法律有同一效力。"《日本商法典》第一条："关于商事，本法无规定者，适用商习惯法，无商习惯法者，适用民法。"在英美法系的刑事诉讼程序中，制约执法程序的一些非正式的、法律之外的习惯具有与"联邦宪法和权利法案"同样的重要性。参见 Richard A. Posner, *An Affair of State: the Investigation, Impeachment, and Trial of President Clinton*, Harvard University Press, 1999, p.59.

三、晚清之转型

晚清法制转型是法制史梳理中不容忽视的一环，这是古老的中华法系面对坚船利炮与全新的生产方式，在亡国灭种的困境中开始的半被迫半主动的自新尝试，也是西方成熟的遗嘱继承法制第一次暴露于国人面前。清末在沈家本、俞廉三主持下，辅之以国外学者的帮衬，如日人松冈义正等，完稿于宣统三年的《大清民律草案》，并未真正实施便因清朝的覆亡而胎死腹中，该草案成为民国立法的蓝本。习惯的顽固性在转型期之中更趋明显，《大清民律草案》采德国民法体例，前三编由松冈义正遵循各国大同良规起草，而亲属、继承两编则由修订法律馆与礼学馆会同编订，以使新法"务期整饬风纪，以维持数千年民彝于不敝"①。这一"中西混体"的继承法共 110 个条文，不可否认的是，该草案有缘于民情风俗的继承法，立法者对此不能不顾而照搬西方现制，以免遗"削足适履"之讥，从内容上看，仍吸收了不少西方近代民法理念。传统固有的宗祧继承仅规定于亲属编，而继承编则净化为纯粹的财产继承以与世界接轨；遗嘱的方式也与西方近代民法观念相差无几，如自书遗嘱、口授遗嘱需有两名见证人，亦出现了公证遗嘱等形式。讵料随着清廷的谢幕，法制的革新成果却成为史料。

第三节　民国遗嘱继承之发展

以内容观之，国民政府时期法制应该在第二节时予以梳理，以契合本章行文逻辑。然笔者以为，作为清末修律的遗产，艰难诞生于内忧外患中，至今仍在我国台湾地区运行的"中华民国民法典"，其理论的演变、司法实践的发展都深深地打上了从威权社会到法治社会的烙印。民法典如何在经济社会实践骤变，价值多元的现代社会担当私法

---

① 何勤华、李秀清：《外国法与中国法——20 世纪中国移植外国法反思》，中国政法大学出版社 2003 年版，第 221 页。

关系的调整重任，以及如何通过小修小补仍能勉强回应时代的规范要求，维持基本的体系架构稳定，担起调整对等正义的使命，仍是值得探讨的课题。当下我国正深化改革，尤其《中华人民共和国民法典》颁行后，如何在实务的解释与适用中贯彻立法意旨成为民事法制现代化的重要一环，我国台湾地区的经验可谓镜鉴意义非凡。是故，单做一节详细探讨。

一、北洋时期的承袭

民国草创，袁世凯于 1912 年 3 月 10 日就任中华民国第二任临时大总统。1928 年国民政府北伐完成，全国实现了形式上的统一。这一"国器"为北洋军阀所把持的时期被称为北洋时期。由于长期分裂、军阀混战，一般认为北洋政府为颟顸武夫的权力场，无甚建树，然而在这一乱象纷呈的时代，中国的民事立法却未曾中断，而且取得了不小成就，修订完成了"民律二草"。[①] 继承编仍然仿行清律，残留了浓厚的宗法色彩。继承分为身份继承与财产继承，但以身份继承为宗，这也说明 20 世纪初的中国继承体例仍处于罗马法遗嘱继承以指定继承人为首要目的的时代。是时，由于宗祧继承的存在，女性（妻子、女儿）被列入第三顺位应继人，男尊女卑的封建思想可见一斑。

"民律二草"亦不乏对遗嘱的规定，以响应日益高涨的意思自治潮流，迎合时代诉求。"民律二草"明确规定了遗嘱的形式，即自立遗嘱、公证证书、代笔遗嘱、口授遗嘱四大形式。为达定纷止争的目的，草案对以上四种方式皆做了详尽规定，如订立之条件、具体要求和认定标准等，都可谓巨细靡遗。重视家族伦理与宗法秩序的"民律二草"

---

① 北洋政府在清末修律的基础上，一直致力于民法的法典化，专设法律修订机关（法律编查会、法典编纂会、修订法律馆）与大理院通力合作。学界一般将《大清民律草案》称为"第一次民律草案"，而将 1925 年至 1926 年完成的五编民律典草案称为"民律二草"。虽然有学者以 1915 年已完成的"亲属编草案"为由质疑这一称谓，但是笔者为简便起见，仍以"民律二草"称之。参见张晋藩：《中国民法通史》，福建人民出版社 2003 年版，第 1143 页。

亦引进了"特留份"制度，以便构成对遗嘱自由的限制，却颇具"特色"，因为根据草案规定，特留份的权利人具有明显的先后顺位，具体而言：死者一半之财产为法定的特留份，遗嘱不得处分。直系卑亲属是第一顺位权利人；否则由夫或妻继承；第三顺位为直系尊亲属。显然，这一举措是为防止遗嘱人罔顾民俗人情将财产恣意遗赠亲属以外的人而设。

二、国民政府时期的完善

国民政府时期系指 1927 年至 1949 年南京国民政府时期。这一时期，虽然饱经兵燹，但经济社会体系还是获得了前所未有的发展。法制的建设随着"六法全书"的完成，标志着我国从清末开始的法制近代化进程终告完成。1930 年代"民法"的起草者们"参详前清民律草案，调查各省民商事习惯，并参照各国最新立法例"①，兼采世界之普通法则，无论从理念之指导还是从制度之设计而言，皆为一时翘楚。遗嘱继承制度在北洋政府立法的基础上得到进一步完善。

首先，设立遗嘱之方式（"民法"第 1189 条），除自书遗嘱、公证遗嘱、口授遗嘱、代笔遗嘱外，新增了密封遗嘱，以更好地契合民法意思自治之理念。除自书遗嘱外，法典对其他四类方式设立遗嘱之情境、见证人要求等做了详尽阐释，以从形式上对遗嘱进行必要干涉（"民法"第 1190 条至第 1197 条），更好地实现遗嘱人意思自治的愿景。其次，遗嘱关系人制度亦更趋细化，如遗嘱见证人消极条件的规定（"民法"第 1198 条）；法典明确规定遗嘱可以指定遗嘱执行人，而且圈定了遗嘱执行人之消极条件（"民法"第 1210 条）。最后，诚如前述，北洋时期，自由滥用的闸门——特留份——带有浓厚的封建纲常色彩，而且存在严格的权利人顺位，且各顺位权利的享有相互排斥，这样的制度安排，除了限制非人伦化的遗赠于他人之外，对于秩序的追求或自由的限制显得并不是很彻底。1930 年代的"民法"则弥补了

---

① 谢振民：《中华民国立法史》（下册），中国政法大学出版社 2000 年版，第 747 页。

"特留份"制度的不足，特留份之享有不再是以彼此排斥之顺位来设计，而是代之以份额的多寡以力图实现该制扶贫济弱、防范遗嘱自由滥用的意旨（"民法"第1223条）。这也与该制策源地——欧陆——接轨，更能通行于世。匪特如此，"民法"第1225条还赋予了特留份权利人一把"尚方宝剑"——扣减权，使特留份不再是画饼充饥、流于形式，而是名实相副。

随着国民党败退台湾，"六法全书"亦被废除。1930年代的"民法"在我国台湾地区适用至今，司法实践也不断对这部已经"年届九旬"之所谓"民法典"进行了大大小小的"手术"，使之能保持活力，响应经济社会实践的变迁。

本章小结

我国继承法上之遗嘱继承，以基本制度、理念与操作技术而论，将之定义为纯粹的舶来品并不为过。现制因遗嘱自由浮滥而备受争议，笔者之所以未开门见山抛出现制作为批驳的"靶子"以迎合读者最殷切的需求，而是娓娓道来，追本溯源，揭示中西方遗嘱继承制度的流变，实在不是故弄玄虚"掉书袋"之举，而是基于托克维尔的谆谆告诫："应当追溯他的过去，应当考察他在母体怀抱中的婴儿时期，应当观察外界投在他还不明亮的心智镜子上的初影，应当考虑他最初目击的事物，应当听一听唤醒他启动沉睡的思维能力的最初语言，最后，还应当看一看显示他顽强性的最初奋斗。只有这样，才能理解支配他一生的偏见、习惯和激情的来源。"① 一种法律制度与规则，何独不然。通过对西方诸国遗嘱继承制度沿革之探究，尽力捕捉其背后的含蕴与根基，才能更透彻地把握现行遗嘱制度之精髓。通过对中国遗嘱继承的渊薮与流变之考察，获知制度背后的千年传承，这毕竟是构建新制与折冲世界各国大同良规的入门功课。因为只有对自己文化传统

---

① ［法］托克维尔：《论美国的民主》（上卷），商务印书馆2012年版，第30页。

有透彻把握的民族才能在师法其他族群良鉴时游刃有余，不至于迷失。否则，除了生搬硬套或削足适履所带来的水土不服与中途夭折之外，大概唯余夫子自道式的自说自话了。同时，历史的爬梳或可更便于原汁原味地涵泳西方各国现制，检讨自身不足。但是，法律制度的历史考据，往往教给我们的经验多于逻辑①，对于法律移植的宏大目的，纯粹的考据显然无法响应任务之需求，法律学人需要在此基础上再走一里路：立法例的探讨。况且，经济社会实践的变化与发展助力了现制的形成甚至预示着未来的样态，所以，笔者以为，立法例之探讨并不是无关宏旨地为他人"语气"，而是镜鉴善制的必要一环。倘只申言其历史，而西方各国现制并未"入吾彀中"，往往落得个老师已经改弦易辙，学生仍矢志不渝的笑话。

---

① 美国大法官霍姆斯不遗余力地赞叹以经验主义为基石建构起的普通法传统而对欧陆理性主义的杰作不免轻视：法律的生命在于经验而不在于逻辑。参见 Oliver Wendell Holmes, Jr., *The Common Law*, Little, Brown and Company, 1923, p. 1.

第二章　立法实践：遗嘱继承制度立法例之梳理

外国法律制度的接受问题并不是一个"国格"问题，而是一个单纯的适合使用和需要的问题，……只有傻子才会因为金鸡纳树皮并不是在他自己的菜园里生长出来的为其理由而拒绝接受。

——［德］耶林①

前章纵向的梳理，基本摸清了遗嘱继承制度的中西方脉络，诚如地球仪上之"经线"，本章试图以横向比较的方式构筑遗嘱继承制度之"纬线"，由这张纵横交错的"经纬线"所编织之网来为现制提供历史的纵深与时代的宽度。任何时代的法制，皆无法跳出固有的时代背景，无法摆脱自身的政治、文化、风俗民情在自己身上的烙痕。但是理性的立法者从不放过反刍历史上人类积累的共同经验，然后结合时代的气息，预设响应的条件。如此一来可大大减少"试错"之成本；二来为注入特色的元素提供参考。历史解释的底气即肇基于此。现在统治世界的法学传统，主要是发源于西方的两大法系：薪传于罗马法，以

---

① 转引自［德］K. 茨威格特、H. 克茨著，潘汉典等译：《比较法总论》，贵州人民出版社1992年版，中译者序言，第4页。

理性主义为指导并最终确立以法国、德国两分支为代表①的大陆法系（Civil Law）；独具特色与发展轨迹忠实于经验主义并确立以英、美为代表的普通法法系（Common Law）。主导现今世界法制的两大法系无论是传承、理念，还是制度、操作皆异质于彼此。但是诚如比较法学者指出的："在法律思维方式上，普通法国家与欧洲大陆国家无疑具有差异，但若认为前者的归纳式解决问题方法与后者系统的概念思想方法之间存在着一种不能沟通的对立，则肯定是错误的。"②　"孤立而排外的成长，且不屑于与民法学家所固守的优雅学问为伍"③　的普通法亦形成了成熟的法律体系。经济社会生活乃法律规制之对象，而不同阶段与体制下之社会的人们所面临的困境又颇具共性，这就使比较法的探讨有了一个坚实的着力点。对遗嘱继承制度的探讨，毫无疑问，需要不断地穿梭于两大法系之间。那么就让我们一起"窥探"一下两大法系遗嘱继承现制的瑰丽画卷。

第一节　欧美遗嘱继承之总览

我国遗嘱继承现制，并不尽如人意，因此改革的声浪汹涌澎湃，

---

① 1804 年在拿破仑亲自过问下，《法国民法典》（又名《拿破仑民法典》）诞生，这是世界上第一部资产阶级民法典，由于处于自由资本主义时期，故法典以"个人最大自由，法律最小干预"为宗，特别强调个人权利为其主导思想，并成为民法法系最终形成的标志。近一个世纪后的 1900 年的《德国民法典》由于资本主义已经发展到垄断阶段，故作为经济社会生活产物之民法典更多地强调社会利益，该法典继承了罗马法的传统，同时兼顾到日耳曼的一些习俗。两部法典风格迥异，法国法系包括拉丁语系各国，即法国、比利时、西班牙、葡萄牙、意大利等；德国法系主要是日耳曼语系各国，即德国、奥地利、瑞士、荷兰等。随着殖民扩张，法律得以移植，大陆法系获得了更多的拥趸，蔚为大系。

② ［德］K. 茨威格特、H. 克茨著，潘汉典等译：《比较法总论》，贵州人民出版社 1992 年版，第 478 页。

③ 参见［美］格伦顿、戈登、奥萨魁著，米健、贺卫方、高鸿钧译：《比较法律传统》，中国政法大学出版社 1993 年版，第 93 页。

但是究竟如何使"管制"遗嘱自由之制度在民法中下锚进而形成内置的结构秩序，仍需要从这一制度的"正统继承人"——欧美——感受时代的脉搏，找到镜映之方。虽然"欧洲各国的法律同宗同源"① 之定论不假，但是作为孕育于传统、历史、习俗之中且深浸浓厚伦理色彩的遗嘱制度，匪特欧陆与英美分道扬镳，就连欧陆诸国与英美各国皆各具特色。大陆法系各国现制以遗嘱为处分财产的方式主要有三种模式。

第一种立法例以德、法、瑞士为宗，即真正意义上的继承人乃遗嘱所指定之人，其在享有遗嘱人财产的同时，必须履行债务清偿之职守。此类继承人之指定可以是在法定继承人范围内，亦可以在范围以外寻求，至于未经遗嘱人指定之法定继承人往往以特留份权利人身份出现。第二种立法例将继承人范围做严格限制，即该资格专属于法定继承人。遗嘱人可以在法定继承人范围之内对应继份做出符合自己意愿的安排，但是遗赠之对象却未有限制，日本及中国民国时期即采用此法。第三种立法例为我国独创，即将受遗赠人严格限定为法定继承人以外之人。

以判例和经验理性见长之英美法系并没有严格的立法例可遵循，与其说其是限制遗嘱自由之制度，不如说是通过严格遵循先例，运用区别技术（distinguishing technique）等经验积累所总结出的共识。如"公共政策""宅园特留份""家庭特留份""豁免财产制度"等构成一张对遗嘱自由的限制之网，承担起英美法系国家防止遗嘱自由滥用的责任。正是由于各国不同之体例，才有了对遗嘱自由规制的异曲。容分述之。

第二节　欧陆遗嘱继承之分野

通说认为，大陆法系以罗马法为渊薮，是以 1804 年《法国民法

---

① ［美］H. J. 贝尔曼著，李焕庭译：《美国法律的历史背景》，《法学评论》1984 年第 3 期。

典》与1900年《德国民法典》的横空出世为形成标志的多国法律制度的总称。罗马法于中世纪复兴后，各国在其理性精神与商品经济规范的指引下开始了罗马法精致法律制度的本土化进程。① 作为法国大革命成果之一的《法国民法典》，以罗马法《法学阶梯》为蓝本，在强人的推动下成为大陆法系国家第一部民法典。② 之后随着拿破仑对欧洲的征服，法国人以武力为后盾，不遗余力地推动《法国民法典》在被征服国的适用。以致拿破仑兵败滑铁卢后，意大利、西班牙、葡萄牙等皆未随着独立的到来而挣脱民法典的束缚，而是以之为基础修订自己的法典，并随着殖民扩张发展到拉丁美洲（如巴西、阿根廷、智利等）、北美洲（美国路易斯安那州、加拿大魁北克省）等地区。《德国民法典》踵事增华，参考《法国民法典》，以罗马法名著《学说汇纂》为蓝本，成为在体系、形式、立法宗旨与立法技术风格迥异之法典，并且由日本、中国等继受，蔚为大陆法系又一绝。因此，论大陆法系遗嘱继承制度，无法回避的事实便是：以法国为代表的拉丁语系传统和奉德国为圭臬的日耳曼语系传承的分野。是故，考察大陆法系遗嘱继承现制，画龙点睛之法莫过于以法国、德国为样本对之做一番管窥。

---

① 诚如美国学者指出的，在罗马法复兴后，"各国继续将法律渊源融合成通行全国的法律体系。这一新体系既不是日耳曼化的，也不是古典化的；它是罗马法的……总而言之，这将是一个统一的全国性的法律体系。在法国，经过三个世纪的努力，终于率先在19世纪初完成了罗马法本国化的伟大任务"。参见［美］约翰·H. 威格摩尔著，何勤华、李秀清、郭光东等译：《世界法系概览》（下），上海人民出版社2004年版，第871页。

② 关于此点，美国学者约翰·H. 威格摩尔做过详细探讨。他指出，后来担任拿破仑第二执政和司法部长的康巴赛利斯，在革命开始时，便领导起草了民法典草案。但政治派别之间的意见分歧打乱了他的计划。一直等到拿破仑执政后，这个独裁者用手中的铁锤迫使相互冲突的利益趋向了一致。之后再经过4年的艰难立法，《法国民法典》终于在1804年完成。参见［美］约翰·H. 威格摩尔著，何勤华、李秀清、郭光东等译：《世界法系概览》（下），上海人民出版社2004年版，第875－876页。

一、法国

罗马法复兴之前，法国处于尚未完全摆脱部落习俗的日耳曼蛮族统治之下，由于奉行家族共有或氏族共有的马尔克制度，只有团体的继承而无家族内部成员之间单独的继承。罗马人所创立的完备的遗嘱制度随着西罗马帝国的灭亡而尘封于历史。然而诚如笔者在第一章分析中世纪遗嘱继承发展时表明的，教会出于逐利之衡酌而对遗嘱制度的松绑，使该制度再次活跃于欧洲的舞台，但受到严格限制，自由被限定在很小的范围之内。如遗赠祖传土地，必须先征得法定继承人之书面同意。① 在某种程度上，这可以解读为法定继承人份额约束之契机。因为倘遗嘱人捐赠之量超过维持法定继承人基本生活所需，其在遗嘱上签字确认之概率极低。由于限额具有明确的适用对象即土地，市民相较于农民因拥有更多的除土地以外的财产，故享有着更多的遗嘱自由实惠。总之，大革命之前的这一段时期，法国遗嘱自由之规制主要由习惯法来担当。

大革命之后，以自由、平等、博爱为号角的革命政府并未在遗嘱自由的保护上贯彻初衷，而是出于权宜衡酌，一并予以禁止。这一时期，有直系卑亲属继承人之情形，遗嘱人处分其财产不得超过总数的十分之一；而无直系卑亲属继承人但有旁系亲属者，遗嘱处分亦不得超过总数的六分之一，以免破坏亲属之间的"神圣平等"②。视自由为生命的法国人当然无法长期忍受立法对自由如此严苛的干涉，是故，"不满与抗争"成就了 1804 年《法国民法典》遗嘱继承现今之特色。

首先，对遗嘱内容之限制，也即狭义遗嘱自由之限制，主要由公序良俗原则（总则第 6 条）与特留份制度（第二编第三章第 912—917条）构成。第一，法国将罗马法上的善良风俗揉进本国习惯法上的公

---

① 参见 Dawson, John P., *Gifts and Promises: Continental and American Law Compared*, Yale University Press, 1980, p.30.

② 参见 [德] K. 茨威格特、H. 克茨著，潘汉典等译：《比较法总论》，贵州人民出版社 1992 年版，第 154 页。

共秩序之中，创造性地提出了"公序良俗"原则。这成为扣于所有民事活动头上的抽象"紧箍咒"，法典体系功能的逻辑自然将遗嘱继承纳入该原则的射程之中。《法国民法典》第 6 条规定："个人不得以特别约定违反有关公共秩序和善良风俗的法律。"[①] 由于良俗与公序的时空局限性，立法者大都以概括宣示规定之，而将具体化的任务付诸浸润于实务的法官衡酌。这使得公序良俗的司法适用处于非常活跃的"水域"。毕竟，诚如德国联邦法院在判决中坦言：昨天尚是违背公序良俗之行为，今天则并不一定是了。第二，明确宣示特留份制度。《法国民法典》第 913 条规定："如财产处分人死后仅留有一子（女），其以生前赠予或遗嘱赠予之方式处分的财产不得超过其所有的财产的一半。"[②] 同处拉丁语系的《意大利民法典》第 536 条亦有异曲同工之规定。[③] 法典并未满足于制度之宣示，而是进一步细化了特留份的适用规则。如《法国民法典》第 913、914、915 条[④]详尽规定了特留份权利人之顺位、份额以及随着权利人的增减而做具体份额之伸缩。一般而言，权利人越多，特留份亦相应增多，而可供被继承人处分之遗产相应减少，也意味着对遗嘱自由的限制愈苛。只有当被继承人无配偶、直系卑亲属、直系尊亲属等特留份权利人时，遗嘱自由才具有绝对自由的蕴涵。

其次，遗嘱形式对遗嘱自由之限制亦不容小觑。《法国民法典》第

---

① 罗结珍译：《法国民法典》，中国法制出版社 1999 年版，第 1 页。

② 罗结珍译：《法国民法典》，中国法制出版社 1999 年版，第 247 页。

③ 参见费安玲、丁玫译：《意大利民法典》，中国政法大学出版社 1997 年版，第 154 页。

④ 依据第 913 条规定，仅有一子女时，特留份份额为遗产的一半；子女两人时，为遗产的三分之二；有子女三人或三人以上时，为四分之三；子女的直系卑血亲则只能继承其所代位的份额。依据第 915 条规定，非婚生子女所能享受之部分为婚生子女可以分配的财产的一半。依据第 914 条规定，父系或母系中均有直系尊亲属时，特留份份额为遗产之一半；如被继承人仅有直系尊亲属，则为四分之一。参见罗结珍译：《法国民法典》，中国法制出版社 1999 年版，第 247－248 页。

969 条规定: "遗嘱得为自书的, 或以公证的或密封的方式作成。" 显然, 一般情况下, 遗嘱订立之方式只有三种, 即自书、公证、密封。而且第 971 条对公证遗嘱做了进一步限定: "以公证书作成的遗嘱, 应由两名公证人或者由一名公证人在两名证人的协助下作成。" 当然, 适用于特别方式之场合, 自另当别论, 但应循规制自由与尊重自治并重之主线。

最后, 法国民法关于遗嘱关系人能力、资格、范围亦有详尽规定, 这些从另一个侧面对遗嘱自由进行必要的"夹击", 使继承法领域, 私法自治坚守本分的同时, 不忘伦理与社会秩序之平衡。

二、德国

德国遗嘱自由的规制实践, 在遗嘱形式、遗嘱关系人制度等方面之限制体例与法国雷同, 皆尽量探究当事人意思表示, 充分尊重私法自治的精神, 同时兼顾到家族伦理和社会秩序, 兹不赘述。中世纪以前, 作为日耳曼习惯与团体主义思想的继承者, 德国在继承期待权理念的造化下, 一般个人不得任意处分其财产, 所以对于日耳曼人而言: "一个人的继承人和后继者是他自己的子女, 对他们不需要遗嘱这类东西。"[①] 随着传统观念在遗嘱日渐普及的情势下逐渐式微, 为维护家族整体利益计, 特留份制度随着法律的变迁起起伏伏。在德国大规模继受罗马法的 13 世纪, 特留份制度终于步入正轨, 而且罗马法以"普通法"的姿态日益适用于神圣罗马帝国全境, 在罗马法上的义务份也被完全继承了下来。《德国民法典》在肯定遗嘱自由的前提下, 于第五编第五章第 2303 条规定: "1. (1) 被继承人的直系血亲卑亲属由于死因处分被排除继承者, 得向继承人请求特留份; ……2. (1) 被继承人的父母和配偶, 在其由于死因处分被排除继承时, 享有与上述相同的权利。"本条精义即为权利人提起类似罗马法"遗嘱逆伦之诉"奠定了规范基础。特留份权利人包括配偶、直系卑亲属、直系尊亲属, 但异于

---

① 张玉敏:《继承法律制度研究》, 法律出版社 1999 年版, 第 189 页。

法国者在于其特留份份额之设计：诚如前论，法国采用团体特留主义；而德国采用个别特留主义，即特留份之份额并非以总体人数来确定多少，而是以每个特留份权利人之法定应继份分别计算其份额，统一为应继份之一半。除特留份之外的财产，遗嘱人有完全处分之自由。

德国民法另一个规制遗嘱内容之法律装置为公序良俗原则。《德国民法典》第 138 条规定："（1）违反善良风俗的法律行为无效；（2）特别是法律行为系乘他人的强制状态、无经验、判断力欠缺或显著意志薄弱，使其对自己或第三人的给付做财产上利益的约定或提供，而此种财产上的利益对于该给付显失均衡者，该法律行为无效。"具体到遗嘱继承场域，德国学理与实务皆有成熟的适用体例。作为深具时空局限性的原则，赋予司法官以更多自由裁量空间乃寻求公正的首选，这既能使个案正义得以实现，同时又避免了法律频繁修改而带来的不稳定性。德国关于公序良俗原则介入遗嘱继承之情势足资我国借鉴，兹简述之。根据郑永流先生之梳理①，德国从 1905 年开始已判决数十个情妇遗赠案，而且已经有了比较理智成熟的处理进路。一般而言，公序良俗原则否决遗嘱自由发生于有偿之性行为场合，但对于其辅助行为②之控制则保持较大的法律容忍。至于私人领域之性行为场合，倘有遗赠财产之行为，当事人之动机成为决定是否悖于公序良俗的关键衡酌因素。倘出于酬谢、维持性关系等悖于风俗之动机，则否认遗嘱自由之适用。③ 由此可见，对于遗嘱自由的控制，无论是在立法上还是

---

① 郑永流：《道德立场与法律技术——中德情妇遗嘱案的比较和评析》，《中国法学》2008 年第 4 期。

② 如因性交易而产生的契约即为法律所容忍，主要包括为妓院提供服务、与妓院签订买卖合同（啤酒）、出租房屋给妓女等。

③ 德国最高法院曾有判决：如果继承人在遗嘱中立其情妇为继承人，旨在酬谢其满足自己的性欲，或旨在决定或加强这种性关系的继续，这种行为通常被认为违反公序良俗；如果被继承人旨在给其情妇提供生活上的保障，则这种行为通常是有效的。或是由于财产给予人真实动机难以证明，不论该行为是否与性有关系，都属有效。参见［德］迪特尔·梅迪库斯著，邵建东译：《德国民法总论》，法律出版社 2000 年版，第 516、527 页。

在司法中，德国人都保持着审慎与克制。

三、他国继受

日本、中国、拉美地区由于历史原因而被动接受，抑或通过法律改革主动继受了大陆法系国家的遗嘱继承制度。遗嘱形式、遗嘱关系人等对遗嘱自由之限制方面大都出入甚微。对于特留份之顺位与份额亦结合本国之经济社会生活实际与风土人情予以适当调试。如《日本民法典》第 1028 条规定："只有直系尊亲属为继承人时，为被继承人财产的 1/3；于其他情形，为被继承人财产的 1/2。"[①] 中国民国时期制定的民法典第 1223 条规定："继承人之特留份，依左列各款之规定：一、父母之特留份，为其应继份二分之一。二、配偶之特留份，为其应继份二分之一。三、兄弟姊妹之特留份，为其应继份之三分之一。四、祖父母之特留份，为其应继份之三分之一。"由此可知，在中国的民国时期，特留份权利人包括父母、配偶、兄弟姊妹、祖父母，而且并无先后顺序之别，唯份额占应继份的比例有些许差别。当然另一道限制自由滥用之闸门在各国亦不可或缺，即公序良俗原则。如《日本民法典》第 90 条规定："以违反公共秩序或善良风俗的事项为标的的法律行为，为无效。"[②] 我国在民国时期拟定的民法典亦于第 72 条做了类似规定："法律行为，有背于公共秩序或善良风俗者，无效。"

第三节　英美遗嘱继承之特点

普通法系承袭中世纪以来英国的法律传统，其最大特色即抽象的概括与理论的探讨让位于具体个案的关注与实用的追求。这也使普通法之法律制度的考察并非易事。诚如密尔松指出："普通法的生命力在于其基本思想的广泛适用性。如果根据财产法规则得出的结论似乎显

---

① 渠涛编译：《最新日本民法》，法律出版社 2006 年版。
② 渠涛编译：《最新日本民法》，法律出版社 2006 年版。

失公平，你可以尝试适用债法的规则，而且衡平法已经证明你可以从与债有关的事实中发现与财产有关的现象。如果根据合同法规则得出的结论显失公平，你可以尝试适用侵权行为法的规则。对于一个接受了罗马法法律分类思想的人来说，你的做法看起来不符合常规，但它却能够解决问题。如果根据侵权行为法的某种规则，诸如欺诈的规则，得出的结论显失公平，你可以尝试适用另一种规则，比如有关过失的规则。如此看来，法律的世界是相互联系着的。"[1] 是故，对英美法系遗嘱制度的探讨无法如前文对大陆法系遗嘱制度的分析那样，有法律规范明文作为切入工具。笔者需要理顺其循序渐进的发展脉络，才能在论述上有所作为。要想看清楚英美法系遗嘱自由这幅图像，需要用线条将一定量的点连起来，这样杂乱无章中才会闪现有序的画卷。[2] 英美法系遗嘱自由限制之进路先从强制份额之保守忽然跳跃至绝对自由之开放，最终在"极左"与"极右"中找到一个中道的平衡：相对的遗嘱自由。

一、英国

缘于盎格鲁-撒克逊人的自由传统，英国素来以遗嘱继承为原则。在欧陆诸国立法者、学者仍在为平衡遗嘱自由与家庭伦理绞尽脑汁困惑不已之时，英国早在 1540 年法令中即允许土地的遗嘱继承。动产更是以遗嘱处分为原则。

1837 年颁布的遗嘱法可视为对遗嘱自由的轻微限制，即遗嘱有效才遵循遗嘱继承规则，否则以"无遗嘱继承之情事"待之。[3] 而且根据 1837 年法令，遗嘱绝对自由的代价是遗嘱必须用书面作成以示慎

---

[1]　［英］S. F. C. 密尔松著，李显冬等译：《普通法的历史基础》，中国大百科全书出版社 1999 年版，第Ⅶ页。

[2]　参见［英］S. F. C. 密尔松著，李显冬等译：《普通法的历史基础》，中国大百科全书出版社 1999 年版，第Ⅸ页。

[3]　参见何勤华、李秀清主编：《外国民商法导论》，复旦大学出版社 2004 年版，第 217 页。

重。20世纪之前，基于对人夫、人父德性之尊重，英国人认为因"不良遗嘱"或"不正当遗嘱"而影响子女生活之情势不致发生，纵使有，亦属偶然现象，不具有普遍性，无须立法专门规定。

然而20世纪之后，滥用遗嘱自由而使世论沸腾，国家的介入已经刻不容缓。① 是故，1939年，《家庭保障法》颁布，明确肯认被继承人对未亡配偶、子女抚养的义务，法院可以在受抚养权利人的请求下裁定相应的抚养金额，维持权利人的切身生活。②

1952年颁布《无遗嘱继承条例》对《家庭保障法》做了进一步修正，该条例规定法院完全可以违背遗嘱人的意愿，甚至可以搁置遗嘱继承的一般规定，根据抚养权利人申请，直接裁定从遗嘱收益甚至本金中支付抚养费。

1958年的《婚姻诉讼（财产和抚养）条例》亦赋予被继承人生前已离婚之配偶请求抚养金额之权。这标志着英国彻底摒弃了绝对遗嘱自由的信仰，而趋同于大陆法系的相对遗嘱自由。另外，1966年《继承法》与1969年《家庭改革法》使抚养权利人之范围进一步扩大，包括非婚生子女、收养子女等。

1975年《继承法》与1995年《继承法改革法》确立起适当抚养费制度，即立法对抚养费所占遗产之份额并不做统一之规定，而是由法院"具体问题，具体分析"，扛起平衡之责。

英美法系国家除了设计抚养费制度来规制遗嘱自由外，如果说还有其他辅助性举措，那么"公共政策"这一与大陆法系国家公序良俗雷同之制度当是首选之策。大陆法系法官艳羡英美法系法官，重要的

---

① 参见陈棋炎：《亲属、继承法基本问题》，三民书局1980年版，第452页。

② 如英国《家庭保障法》规定："应保证未亡配偶、未成年子女或无劳动能力的儿子以及未成年或未出嫁的女儿享有一定数额的遗产，遗产价值在两千英镑以上的，法院有权确定每年付一定数量的生活费用；价值在两千英镑以下的，一次付给一定费用。"实务操作一般是，请求抚养的权利人到法院申请，在抚养的必要限度内，可径直从遗产中提取抚养金额，以保护生存配偶、未成年儿子、未嫁女或其他难以维持生活的子女的切身利益。参见范海燕、栗志明：《论遗嘱自由的限制》，《兰州大学学报（社会科学版）》2001年第3期。

一点即其法官造法之功能，而"公共政策"这一极负伸缩性之条款，使法官在判定法律行为（当然包括遗嘱行为）时扛起了更多的责任。诚如有学者指出的，其内涵端赖法官基于当时社会之需要，在裁判中阐释。① 由是，英美法系国家，由于深厚的判例法传统，随着实务的发展以及经济社会活动的日趋复杂，规制遗嘱自由之实践将因循时代的变迁，随着判例的扩张而日益丰富。

二、美国

作为英国曾经的殖民地，在独立战争的废墟上建立起来的美国，可以说，其法律制度从头到脚每一个毛孔皆浸润着英国法的气质。② 遗嘱继承自然难以"免俗"。美国为联邦制国家，各州法制各有特色，遗嘱继承亦是"州言言殊"，但都师承英国，应属无疑。如纽约州法律规定："每个人都有完全的自由、权限和资格立遗嘱处理其财产，无论是动产还是不动产一般都要依遗嘱继承；若无遗嘱，才能由死者的最近的亲属继承。"③ 虽然美国奉行绝对遗嘱自由原则，但"绝对"仅限于内容的意义上，至于遗嘱自由形式上之规制，则并不宽松，如 1787 年法律规定，对不动产，遗嘱继承亦必须订立书面遗嘱、有证人签名，并且必须经过及时的检验方可执行。④

至 20 世纪中期，作为绝对遗嘱自由的原则在美国仍未动摇，除了对遗嘱形式与遗嘱关系人做些许规制外，几无对遗嘱内容限制之实践。1969 年通过的《统一继承法典》，开启了对绝对遗嘱自由规制的序幕。其一，该法典赋予配偶应继份选择权，即生存配偶可以在应继份与遗嘱继承之间做出选择，如果选择不利于自己之遗嘱继承，类似于大陆

---

① 参见杨桢：《英美契约法论》，北京大学出版社 1997 年版，第 303 页。

② 当然此论仅仅指美国的主流法制，即从英国所继受来的判例法传统，至于采用大陆法系体制的路易斯安那州与波多黎各州则不包括在内，该两州与大陆法系诸国体制皆以"特留份"来规制遗嘱自由。

③ 何勤华、魏琼主编：《西方民法史》，北京大学出版社 2006 年版，第 398 页。

④ 参见何勤华、魏琼主编：《西方民法史》，北京大学出版社 2006 年版，第 399 页。

法系诸国法典中有关应继份之抛弃，为贯彻意思自治计，法律予以尊重。倘配偶选择应继份，则法院必须予以特别保护，宣告遗嘱中处分应继份部分无效。其二，该法典还规定了"宅园特留份""家庭特留份"与"豁免财产制度"，1990 年为响应时代之变迁，对以具体美元数额的多寡做了变动，即都提高到原来的三倍。另一旨在排斥遗嘱处分之制度名为"宅园权"①，宅园范围包括：厨房用具、穿用的衣服以及各种电动机械等。多数州在新的立法中以新的制度取代了之前规制遗嘱自由之"主力军"："寡妇产"与"鳏夫产"两制度，但在有的州还是承袭了下来，这主要体现法律对生存配偶的特别关切，规定了生存配偶对被继承人之不动产享有不可侵犯之权利。各州结合本州之民情风俗做了各具特色之规定。② 综上可知，美国在规制遗嘱自由的路径上并没有步英国后尘，而是更多地倾向于大陆法系国家的"量化"作风。

本章小结

随着经济的全球化，世界各国以前所未有的方式彼此影响，再加上多元主义的经济社会政策，使两大法系并非"井水不犯河水"，各自开花，而是随着经济的联系日渐趋同。诚如 20 世纪日本学者指出的："英国现在也有这样的呼声，就是引进大陆法的固定的特留份制度来代替有伸缩性的抚养金额的裁定。但是当特留份的职能是请求对被继承人近亲的抚养时，英国制度就是非常合理的，而大陆法的特留份制度在这一点上就有时过多有时过少。因此，英国法在今后的发展是值得

---

① 参见何勤华、魏琼主编：《西方民法史》，北京大学出版社 2006 年版，第 415 页。

② 有的州规定死者不动产的二分之一，有的州为三分之一，个别州甚至规定丈夫对妻子的全部不动产享有终生之财产权。参见刘春茂主编：《中国民法学·财产继承》，中国人民公安大学 1990 年版，第 332 页。

注意的。"①

与此同时，大陆法系亦放弃曾经引以为傲的法典化独尊意识，逐步有意识地引进判例的思维②，特别是面对抽象原则适用的模糊性，法典以及传统的语义学解释方法在限制法官自由裁量权的尝试上有点力不从心，而通过适用案例的堆积，类型化的思维可以使"案例群聚"，这样不仅可以有效地抑制司法官的恣意，还可以为新的规则产生提供素材。这即通常所谓的从案例到习惯再到成文法的规则的发展进路。两大法系相互借鉴的趋向显然不能用简单的孰优孰劣来定义，而是一个"他山之石，可以攻玉"的务实抉择。但是倘若将大陆法系抑或英美法系遗嘱继承现制理解成接济我国遗嘱继承现制之穷的现成答案，则无疑是一个"刻舟求剑"的误解。

本章借立法例探讨开掘出更多深湛的域外资源，各国给我们真正他山之玉的启迪应是：通过历史的回溯，在经验的汪洋中减少了"试错"的成本；通过横向的考察，立足于立法例的厚基使自身之改进有了引路人。笔者以为打道回府，反观自身正当其时。在我国民法典颁行的背景下，由各个部门法所构建之体系亦不能不考虑自洽的因素以免彼此扞格，抵充、弱化私法的导示功能。是故，笔者先从宏观的体系角度检讨遗嘱继承中的价值博弈；然后，立足于我国民法典继承编，考察现制对遗嘱自由管制之体系，并做一类型化尝试，进而尝试引介阿列克西之理论为现制操作提供一些指引。

---

① ［日］五十岚清：《外国继承法的动向》，载《外国民法资料选编》，法律出版社 1983 年版，第 494 页。

② 近年来，我国最高人民法院公报从全国各个法院系统择选其中比较典型的案件，开始不定期公布指导性案例，虽然欢呼判例制度的建立仍为时过早，但理解为对英美法系判例思维模式比较优越性的审慎引入，当无置喙余地。

第三章　实务困境：遗嘱自由原则司法适用的扫描检讨

　　最善良之法律，为法官自由裁量余地最少之法律；最善之法官，为其自己意见最少之法官。[1]

　　同样案件，同样判决。[2]

　　无论时代如何变迁，舆论如何高亢，意思自治（自由）始终是支撑现代民法的基础。就整个民法体系、法学教学安排以及学理探讨频率来看，债权法、物权法无疑乃"正室"，继承法相对而言属于"偏房"。虽地处偏狭，但意思自治的光芒不仅丝毫不减地"普照"，且其重要作用再怎么强调亦不为过，诚如何兵教授曾对遗嘱所作的深情描述：遗产是死者血汗的凝结，遗嘱是他人生的最后交代，我们有什么理由不尊重死者的处分权呢？[3] 然而法律的殿堂并非滴水不漏，从绪论中提到的 2000 年杭州遗赠案、2001 年泸州遗赠案等的判决结果来看，案牍劳形的法官在适用法律时不得不考量"群情激愤"的因素，谙熟条文字义的法学家亦难以回避逻辑向价值屈从的实情。是故，自由的边界、道德对法律的"禁锢"一直都是法律人不断探究的永恒主题。

---

① 参见郑玉波：《法谚》（二），法律出版社 2007 年版，第 299 页。
② 参见郑玉波：《法谚》（二），法律出版社 2007 年版，第 305 页。
③ 何兵：《冥河对岸怨屈的目光：析"二奶"继承案》，《法制日报》，2002 年 4 月 7 日。

虽然奥斯丁①、凯尔森②、哈特③、德沃金④等知名大家都做了非常有见地的探索，但是落实到具体司法适用上，如何规制自由的滥用，究竟限制到什么程度等问题，却很难有一个令人满意的一劳永逸之计。

我国现行理论界对意思自治的探讨多关注于原则本身，少有从司法实践中的适用情况入手进行功能类型化分析的。本书不揣浅陋，尝试推进遗嘱自由司法适用经验的理论化阐释，聚焦于遗嘱自由与其他民法价值的冲突，进而剖析私人自治在遗嘱领域的运行实态，发掘司法实践中的遗嘱自由的适用情况与困境。一为对遗嘱纠纷案件的处理情况做一全景式扫描以明阙如；二为针对适用中的谬误之处提出可行的方案以匡正。倘此砖块拙文，幸能引出几块美玉，诚善莫大焉。

第一节　法律规则适用的棘丛

以往对规则制度之研究，大都以法条内容为界别逐一阐释。譬如，关于遗嘱自由的论述，无外乎是对继承人之自由⑤、遗嘱形式之自

---

① 奥斯丁认为实在法和理想法（或道德）必须严格分开，法律科学研究的是实在法或严格意义上的法律，而不管这种法律的好坏与否。

② 凯尔森认为不仅要严格地划分法学和正义论（即道德或自然法学说），而且正义问题是根本不能科学地回答的。

③ 哈特认为一个法律制度不一定必须符合某种道德或正义；或一个法律制度必须依靠服从法律的道德义务；或一定法律制度的法律效力的根据必须包括某种道德和正义原则。总之法律和道德是有联系的，但并无必然联系。

④ 德沃金认为法律并不是与道德截然分立的，法律之所以有约束力，在于它具有某种独立的道德价值。因此，他认为试图将法律与道德完全分离的努力是徒劳的，而且是无益的。可见，德沃金非常强调法律与道德的关联，并且主张探讨任何法律问题都必须追问道德本质。

⑤ 原《继承法》第十六条在将"公民"修正为"自然人"后被《中华人民共和国民法典》第一千一百三十三条全盘继受："自然人可以依照本法规定立遗嘱处分个人财产，并可以指定遗嘱执行人。"

由①、变更遗嘱之自由②、决定遗嘱内容之自由③等方面的论证分析。这种研究方法虽然在一定程度上遵从了事物发展之规律，却难以回避滑入法条主义泥潭之嫌。因此，笔者另辟蹊径，以司法适用过程中规则被法官所赋予（理解）之功能的分类为基础进行逐一分析，不仅能提高对制度运行优劣的认识，还便于探微立法与司法之间的鸿沟，为引进制度、改进立法做一重要指引。从相关案例④的判决结果可以看出，意思自治原则在司法实践中一般是以宣示型、解释型、补漏型、逸法型四种功能类型⑤予以适用，由此种类型化分析或可谙悉法院对意思自治原则适用之梗概。

一、宣示型适用

在形式上，民事判决书主要包括判决理由和判决主文，后者即是判定诉讼胜负之关键所在。从所选取的判决书文本来看，意思自治原则（遗嘱自由原则）的适用多出现于判决主文之中。所谓意思自治之

① 原《继承法》第十七条规定了公证遗嘱、自书遗嘱、代书遗嘱、录音遗嘱、口头遗嘱五种遗嘱形式。《中华人民共和国民法典》第一千一百三十四条至一千一百三十九条不仅全盘吸收原有的遗嘱形式，而且新增"打印遗嘱"这一新型遗嘱形式。

② 原《继承法》第二十条赋予了立遗嘱人变更遗嘱的自由，但施加相当限制。为更好地尊重私人自治，《中华人民共和国民法典》第一千一百四十二条在舍弃原来的限制后，赋予当事人更多自由："遗嘱人可以撤回、变更自己所立的遗嘱。立遗嘱后，遗嘱人实施与遗嘱内容相反的民事法律行为的，视为对遗嘱相关内容的撤回。立有数份遗嘱，内容相抵触的，以最后的遗嘱为准。"

③ 原《继承法》第十六条第二款、第三款确立了自然人确定遗嘱内容的自由。《中华人民共和国民法典》第一千一百三十三条全盘加以吸收，并新增自由设立遗嘱信托的内容。

④ 本书所选案例多来自费安玲老师与朱庆育老师指导的继承法调研。笔者集中研习了近十年尤其是 2011 年至 2012 年 5 月 31 日之间的案例与争论比较大的继承案例进行分析。在 2011 年到 2012 年 5 月 31 日期间，案例总计 1 096 篇，涉及遗嘱继承的案例共计 58 篇。

⑤ 此类型的划分依据是对法院判决文本的解读，这一划分虽难免有不周延之弊，但对于正确理解规则适用的困境却大有裨益。

适用，主要是指对于两造双方在诉讼外或诉讼过程中所达成的妥协与协议，法院对合法合理之自主处分行为正式予以认定。此类情形在判决主文中，一般表现为"根据意思自治原则""真实意思表示"或相类似之表达，如"双方陈述一致""被告或原告予以认可，予以确认"等予以象征性宣示。例如，重庆市南岸区人民法院审理的"原告陈某某、王某某、赵某某诉被告王某某继承纠纷一案"中，法院在判决书中列明："本院认为：……关于被继承人王某某的丧葬费承担，被告提交的相关票据不能证明实际产生 18 000 元，原告王某某、赵某某认可15 000 元，本院予以认可；原告陈某某愿意承担自己支出的丧葬费12 000元，根据当事人意思自治原则，本院予以准允。……"① 上海市徐汇区人民法院审理的"原告陆某某等与被告袁某某等法定继承纠纷一案"中，判决书中写道，"本院认为，……原、被告一致陈述，被继承人生前无遗嘱，故对其遗产按法定继承。……"。② 在东部经济发达地区，如上海、北京等地法院的判决书中"原被告一致陈述，法院予以认定"的用语颇多。近年来，由于实务中司法方法论反思与构建付诸阙如，法院在遗嘱继承纠纷处理中意思自治原则的宣示型适用仍然延续了下来。如在"张某甲与张某庚等遗嘱继承纠纷案"中，法院认为："从实质要件上看，因 1994 年 7 月 11 日签订的《财产继承产权所属清单》已对家庭财产作出划分和确认，该协议不违反法律规定且不侵害第三人利益，是家庭成员基于协商达成的合意，根据意思自治原则，该合意应获得法律保护，依据该合意取得的物权亦应受到法律保护。"③ 这种适用方法可概括为一种宣示性的表述，一方面，将背后意思自治精神的推理与分析省略，是否合适，有待商榷；另一方面，这种原则性说辞，未分有无具体法律之规定而直接引用，似乎和原则与规则的适用法理相扞格。

---

① 重庆市南岸区人民法院（2011）南法民初字第 05062 号民事判决书。
② 上海市徐汇区人民法院（2011）徐民一（民）初字第 7305 号民事判决书。
③ 北京市延庆县人民法院（2019）京 0119 民初 1156 号民事判决书。

二、解释型适用

在司法实践中，真实意思表示往往需要客观、真实、合法的证据予以证明，但当事人的真实意思是一种主观的存在，不一定都能从客观的事实准确地推断出来，法官们所推论出来的永远是法律的事实，而不是真相本身。因此，为避免解释的随意性，需要一种法律技术将解释圈定在一定的范围内，以免其成为脱缰之马。证明责任规则即是这一需求的产物。例如，在山东省青岛市中级人民法院审理的"崔某英等与崔某杰等法定继承纠纷上诉案"中，法院认为，在其母纪某美去世后，房屋因继承的原因，成为其父崔某传与其子女的共同共有财产。2004 年 5 月 1 日，崔某传与原、被告通过分家析产的方式就上述房屋进行了析产，即六子女每人占有 1/6 的房产份额，同时负责赡养崔某传，该分家析产糅合了继承与赠予的双重法律关系，未违反法律规定，虽原告主张此立约无效，但原告提交的证据不足以证实其主张，原审法院对此不予支持，2004 年 5 月 1 日的立约系当事人的真实意思表示，合法有效，原审法院认定正确。① 本案中因为原告无法举出协议无效的有力证据，其主张法院不予支持；倘原告能够举出相关证据证明意思表示有瑕疵，则遗嘱或遗赠的效力将被否定，即被解释为无效。正确适用证明责任规则可有效抑制此类解释型适用的副作用，可是在司法实践中，法官不太习惯运用此规则而多借助伦理、感情等主观因素来认定遗嘱真实意思，而且时常混用误用有关概念，缺乏充分的法律论证。如判决中存在的"当事人具有意思自治""根据意思自治与人情考量"等情形。虽然主观的意思判定屈从于证据规则，有时可能违背事实真相，但是，它至少能在法官的解释过程中提供一个可供合理预期的可能性。从目前法官通过意思自治解释遗嘱效力的实情来看，证据规则的运用仍然捉襟见肘。

---

① 山东省青岛市中级人民法院（2011）青民五中字第 25 号民事判决书。

三、补漏型适用

司法实务中的案件纷繁复杂，法律难以覆盖全面。对于无法匹配规则之案，意思自治原则无疑起到了查缺补漏的作用。例如，重庆市巫山县人民法院审理"罗甲诉罗乙遗赠扶养协议纠纷案"中，原告与被告于 1997 年签订抱子养老合同，被告负担赡养原告之义务，原告一切财产由被告继承，而且将承包田地登记到被告名下。后来，二人关系不和，发生纠纷。该协议既不符合《收养法》所规定的收养形式要件，又不符合《继承法》第三十一条所规定的遗赠扶养协议。原、被告既非事实的收养关系，也不符合继承法规定的遗赠扶养协议，法律即在此处失语，但是法院不得拒绝裁判，所以，意思自治原则在此得以弥缝了法律的空白。法官在判决书中写道："原、被告经协商一致签订抱子养老合同，该合同不违反法律规定，系双方真实意思表示（意思自治），本院予以认可。该合同具有遗赠扶养协议的性质……"① 以此比附《继承法》第三十一条遗赠扶养协议有关规定处理。

四、逸法型适用

根据法律适用的一般原则，应该是穷尽规则，方能适用法律原则。因此，法律规则往往具有明确的构成要件与法律效果，通过查明案件事实以及形式逻辑的法律推理得出具有可预测性与可接受性的法律决定。而法律原则系最佳化命令，不仅没有精确的构成要件与明晰的法律效果，甚至连可能的文义都没有，无法确定其内涵与外延。然而，实务中不乏舍"具体规则"而就"抽象原则"的做法，遗嘱继承领域亦不例外。学理上称之为"向一般条款逃逸"。在浙江省永嘉县人民法院审理的"邱某某诉颜某继承纠纷案"中，法院在判决书中写明："对于颜某 37.1m² 礁下老屋所有权，依照法定继承处理，但原告主张夫妻共有权，而放弃继承权，在调解协议上签字确认由颜某三子女继承，

---

① 重庆市巫山县人民法院（2011）山法民初字第 00767 号民事判决书。

庭审中坚持主张该协议效力，故应视原告对该继承权的放弃，对民事权利，当事人具有意思自治，而对权利的放弃，应予准许。"① 实际上，该案中邱某某以协议的方式放弃了继承权，而且在法庭上主张该协议效力。故在法律适用层面，直接援引《继承法》第二十五条及《最高人民法院关于贯彻执行〈中华人民共和国继承法〉若干问题的意见》第47、48、49、50条的规定即可。但是法官走了一条不同寻常的法律适用之路：既然是当事人协议，则可适用意思自治原则，进而未在判决书中援引上述法律规则。这样粗糙的省事技巧，一般落得个"欲速则不达"的结果，也是致使类似案件上诉率居高不下的一个原因。

第二节　权利滥用洪水的闸门

从判决书的行文方式可见，意思自治原则在继承纠纷中适用的技艺可谓"五花八门"。那么作为意思自治在继承法中的中坚"堡垒"——遗嘱自由——的适用状况如何呢？长期以来，遗嘱"太自由"广受诟病，那么现存遗嘱自由的合理限制的制度效果究竟如何，有何纰漏，如何完善，兹分述之。

之前，学者大都疾陈我国《继承法》对遗嘱自由限制之阙如，这缘于中国遗嘱自由堪称世界之牛耳。② 有言引进特留份制度者③；有言借鉴英美法系、大陆法系对遗嘱自由规制法例者：英美法系等奉行遗嘱绝对自由主义的国家设计有"寡妇产""鳏夫产""财政津贴"以规

---

① 浙江省永嘉县人民法院（2003）永民初字第994号民事判决书。

② 关于此论，笔者不敢苟同，依从法条主义的分析模式，诚然，我国遗嘱限制制度自由度很大。但是确定遗嘱内容的自由，在宪法上就已被严格限定，与西方相比，财产之重要部分如土地权之处分，遗嘱是不能涉足的。所以从本质上，该自由的深度与法治发达国家实有不同。

③ 参阅杨立新、杨震：《〈中华人民共和国继承法〉修正草案建议稿》，载《河南财经政法大学学报》2012年第5期。

制自由的滥用；大陆法系如德法等奉行遗嘱相对自由主义的国家设计有"特留份""保留份""必继份""强制份额"等限制遗嘱自由滥用之制①；有言引进健全的必留份制度者，不一而足。纵观此类探究，大抵从比较法切入，操制度嫁接之论。笔者认为，时下中国深处转型时期，市场经济体制日益深化，"放、改、服"改革亦步入攻坚克难之深水区，政府职能转变，民间社会逐步发育，高科技带来便利生活的同时，民法增长点——侵权法——不断改头换面，正如苏永钦先生所说，法学所承担的社会功能之重，已不是邯郸学步，做一点规范比较就可以交差了。② 尤其《中华人民共和国民法典》颁行后，学者们结合我国实践所提出的诸多完善继承制度的理论也被立法者所采纳。论者多从制度之优弊"以本论本"，而非从引入制度后水土不服之可能情形来考量，更少有关于原《继承法》对权利滥用说"不"之"闸门"的探赜。虽然"形式理性"的法典能使移植在空间与时间上成为可能，但本土化依然是个严峻的挑战。而本土化的重点，不在勉强让技术性的语言及规范通俗化到一般人可以了解的程度，而是尽量缩短规范与民众在价值判断上的差距，尽量贴近人民朴素的法感。③ 所以笔者以为从现状中探微知著、明了困境与不足，一来寻本土化之资源，二来思制度何为合适。

一、公序良俗之超脱

潘恩曾说：那些试图享受自由的人，必须同时忍受肩负它的疲惫。公民在享有遗嘱自由的同时，肩负的第一大疲惫便是公序良俗原则。从立法沿革来看，长期以来"公序良俗"一直是学理上探讨的概念，揆诸实在法，通常认为原《中华人民共和国民法通则》第七条："民事活动应该尊重社会公德，不得损害社会公共利益，扰乱社会经济秩

---

① 吴国平：《遗嘱自由及其限制探究》，《海峡法学》2010 年第 3 期。
② 苏永钦：《走入新世纪的私法自治》，中国政法大学出版社 2002 年版，第 3 页。
③ 苏永钦：《走入新世纪的私法自治》，中国政法大学出版社 2002 年版，第 49 页。

序。"立法者在绍续旧法时代"社会公共利益"的规范意旨与学理阐释积累的基础上,在民法典中正式确立"公序良俗原则"。《中华人民共和国民法典》第八条规定:"民事主体从事民事活动,不得违反法律,不得违反公序良俗。"公序良俗原则系对民事主体所实施的法律行为内容进行的妥当性审查,违反的后果往往被认定为无效。由于公序良俗原则介入法律行为的强烈效力,对私人自治的限制程度最强,法院一般不轻易宣告无效。遗嘱继承纠纷实务中,以违反公序良俗原则宣告遗嘱无效或部分内容无效的争论一直未曾止息。更有甚者,法院有时也因舆论压力而骑虎难下。这样的境况,在《中华人民共和国民法典》颁行后表现得尤为明显。《中华人民共和国民法典》颁布实施后,由于在总则部分正式确立起公序良俗原则,在限制遗嘱自由的序列中,该原则扮演起越来越重要的角色。兹摘取旧法时代的典型案例以及民法典时代颇具代表性的案例分别论述如下:

案例一: 在河南省南阳市中级人民法院审理的"王某等与陈某继承纠纷上诉案"中,上诉人(原审原告)王某、李某乙、李某丙要求继承李某甲房产,而此时房产为与死者李某甲一起生活数十年的情人即被上诉人(原审被告)陈某居住,且死者立遗嘱将房屋遗赠给被告陈某。妻子王某与其子女李某乙、李某丙主张要回房屋,并要求陈某承担拒不腾房的侵权责任。陈某以遗嘱抗拒原告的主张。但法院认为:被告陈某与李某甲虽在一起共同生活,但不是合法的夫妻关系,其行为有违公序良俗原则,不能得到法律的保护。西峡县城关镇七一路××号房产依法登记为李某甲所有,其子系共有人。李某甲所立遗嘱作为证据,法定形式要件欠缺且内容与事实不符,本院认定该遗嘱无效,不能适用遗嘱继承的法律规定。① 可见,法院直接以公序良俗原则为由认定遗嘱无效。该案例与十年前另一闹得满城风雨的案件如出一辙,即"泸州遗赠案",但泸州中院终审判决认为黄某某之遗嘱违背了《民

---

① 河南省南阳市中级人民法院(2010)南民一中字第 872 号民事判决书。

法通则》第七条规定的"公序良俗"原则，认定遗嘱无效，驳回原告诉讼请求。[1]

案例二：2000年，杭州一画家叶某某将自己价值百万元的遗产遗赠给照顾自己10年的小保姆吴某某，叶某某女儿不服而取走遗产，吴某某遂向人民法院起诉要求返还遗产。法院以遗嘱自由为由，认定叶某某所立遗嘱合法有效，判决全部遗产归吴某某所有。[2] 亦即本书绪论所言"杭州遗赠案"。

案例三：在重庆市第五中级人民法院审理"陈某甲与陈某乙法定继承纠纷上诉案"中，法院认为，陈某甲与陈某乙系兄弟关系，均具有完全民事行为能力，审理中，双方均认可曾于1999年2月14日签订的陈某甲放弃房屋继承权的书面声明，双方的签名真实，均系本人真实意思表示，法院予以认可。而陈某甲反悔，请求重新分割财产，不符合公序良俗和诚实信用原则。故陈某甲要求分割遗产的诉讼请求，法院依法不予支持。[3]

在案例三中，根据法律适用的基本法理，并无原则的适用空间。根据原《继承法》第二十五条的规定：继承开始后，继承人放弃继承的应当在遗产处理前，做出放弃继承的表示，没有表示的，视为接受继承。结合《最高人民法院关于贯彻执行〈中华人民共和国继承法〉若干问题的意见》第47、49条的规定，陈某甲放弃继承的时间：继承开始后，遗产分割前；放弃继承的形式：书面。放弃表示已经生效。根据前文所述《意见》第50条：遗产处理后，继承人对放弃继承反悔的，不予承认。当然推理出陈某甲反悔的请求得不到认可应予驳回，既无规则模糊又无规则失语，而贸然搬出原则"大驾"有违"穷尽规

---

① 四川省泸州市纳溪区人民法院（2001）纳溪民初字第561号民事判决书；泸州市中级人民法院（2001）泸民一终字第621号民事判决书。

② 赵欣、卢晶：《遗产继承：小保姆合法权益受保护》，《人民日报》，2001年1月21日。

③ 重庆市第五中级人民法院（2011）渝五中法民终字第1504号民事判决书。

则方能适用原则"的法理。山东省青岛市中级人民法院审理的"张某与徐某法定继承纠纷案"①、新疆维吾尔自治区乌鲁木齐市中级人民法院审理的"王某等与乔某被继承人债务清偿债务纠纷案"② 等案件中皆有此"滥用"公序良俗原则的倾向。

显然，从内容与情节来看，上述案例一与案例二十分雷同，为何在同一个法律体系下会有判若霄壤的结局呢？正如有学者指出的，不管法官最后如何宣布他的立场，法律终究是伪装的权力，是一群人强加给另一群人的生活方式。③ 如果强加的生活方式相互抵牾，那么民众将无所适从，法律也无法实现使人们能合理安排自己生活的标鹄。这种不同地域的法官对类似案件的处理却不尽相同的情形并不少见，甚至在同一省市之不同区县法院亦常有相互矛盾之判决。关于类似案件的争论已有很多，拙作并不妄图针对公序良俗否决遗嘱效力给出一个权威正确的标准（肯定徒劳），而是想通过司法适用的巨大反差，阐明判决说理改进与规则适用统一的急迫性。案例一中法官的论证逻辑是，非夫妻关系同居即违背"公序良俗"，而违背"公序良俗"的人的法律行为即具有道德的非难性，其所立的遗嘱当然无效。法官并没有着力去分析法律行为的效果意思，而这才是判定其与"公序良俗"相悖与否的标准。本案中，倘遗赠的不是情人而是另一个则遗嘱完全有效，作为一种死因行为，其效果意思仅仅表达了一种对自己财产处分的意愿，并无维持不正当关系的客观效果，应该说法官在理解法律行为意思要件时有失水准。

案例三及类似案例表明，在继承纠纷中，适用公序良俗原则存在相当大的随意性。这可能与继承法严重的伦理色彩有关，正如史尚宽先生指出的：继承法虽不及债法之复杂，物权法之错综，亲属法身份

---

① 山东省青岛市中级人民法院（2011）青民五终字第 188 号判决书。
② 新疆维吾尔自治区乌鲁木齐市中级人民法院（2011）乌中少民终字第 14 号判决书。
③ 何海波：《何以合法？——对"二奶继承案"的追问》，《中外法学》2009 年第 3 期。

性质之显著，然与债法、物权法既能各异其趣，而与人法之亲属法亦异同参半，可谓介于财产与身份法之间。① 一般是先陈述一段道德人情的事实，发现没有明显相应的法律来规制，甚至纵使有相应规则适用仍然冠以"根据公序良俗原则"或"有违公序良俗"字眼，虽然这提高了该原则的"上镜率"，但对维护法律的权威与法律适用的精确性却无多大裨益，甚至是有害的。拉低原则的位阶，扩大法官的自由裁量权，这是保持法的安定性过程中需要高度警惕的"毒瘤"。

前述三个典型案例均为《中华人民共和国民法典》颁行前实务中法院援引公序良俗原则限制遗嘱自由的惯常适用模式。法院以违反公序良俗原则为由宣告遗嘱对财产的处分行为无效。但是，由于缺乏对遗嘱自由限制机制的体系性思考以及基本原则适用的精确防范，法院没有统一的裁判标准，因此"同案不同判"时有发生，有违法治的基本原则。实务中，遗嘱自由触发公序良俗原则介入的情形，莫过于通过遗嘱将财产遗赠给"小三"的案件。但是从北大法宝相关案例来看，法院在处理类似案件时的态度主要分为三类：

第一，法院认为遗赠处分全部无效。在"顾某某诉丁某某遗赠纠纷案"中，法院认为"赵某某在有配偶的情况下，与其他异性非法同居，违反了《中华人民共和国婚姻法》第四条规定的夫妻之间互相忠实、互相尊重的义务，并将其遗产全部遗赠给同居的异性，剥夺了被告依法享有的合法财产继承权，有违公序良俗，该遗赠内容不具备法律效力。赵某某生前未生育子女，其父亲赵某甲、母亲徐某某均先于赵某某死亡，故被告系赵某某的唯一法定继承人，其有权继承系争房屋。现原告根据遗嘱内容要求对系争房屋由其受遗赠所有的诉讼请求，缺乏依据，本院不予支持。"② 本案中，法院将违反夫妻互相忠实、互相尊重的义务以及剥夺他人合法继承权作为遗嘱背离公序良俗原则的判准，进而宣告遗嘱完全无效。从司法适用的技术上来看，违反婚姻

① 史尚宽：《继承法论》，中国政法大学出版社 2000 年版。
② 上海市浦东新区人民法院（2015）浦民一（民）初字第 5726 号民事判决书。

法的忠实义务或剥夺他人合法继承权同时属于违反法律强制性规范行为，此时将违反强制性规范作为背离公序良俗原则的论据进而宣告遗嘱无效仍值得商榷，因为强制性规范的违反即足以宣告某个法律行为无效。本案中，以公序良俗原则宣告遗嘱无效更大的问题在于，违反夫妻忠实、尊重义务与遗赠本身系两个独立的行为，遗赠是否违反公序良俗原则应该从遗嘱法律行为本身去论证，而非关注违反婚姻法上的义务。

第二，法院认为遗赠处分部分无效。在"张某甲与张某乙、孔某甲、孔某乙、孔某丙遗赠纠纷案"中，法院认为："本院认为，被告方虽对原告提交的遗嘱的真实性提出质疑，但明确表示不要求对遗嘱是否系孔某丁本人的笔迹进行鉴定，应视为对该遗嘱系孔某丁本人书写的认可，故本院对遗嘱的真实性予以确认。《中华人民共和国继承法》第十六条第三款规定：公民可以立遗嘱将个人财产赠给国家、集体或者法定继承人以外的人。孔某丁在遗嘱中的意思表示符合遗赠的特征，虽遗赠人孔某丁长期与原告非法同居，有违公共秩序和社会公德，但就此认定遗嘱无效无相关法律规定，故应按照遗赠法律关系来处理本案。原告主张系其出资与孔某丁共同购买的涉诉房屋，因票据上的交款人仅孔某丁一人，且单位卖给孔某丁该房屋时包含了孔某丁与张某乙夫妻的工龄，当时原告并无购买该房屋的权利，故对原告的与孔某丁共同购买涉诉房屋的主张本院不予支持，该房屋应认定为孔某丁与张某乙的夫妻共同财产，归其二人共同所有。孔某丁未经其妻张某乙同意，擅自处分夫妻共同共有财产，将涉案房屋赠予原告，应当认定遗嘱中超出其本人财产份额部分的决定无效。另外，根据《中华人民共和国继承法》第二十五条第二款的规定，受遗赠人应当在知道受遗赠后两个月内，作出接受或者放弃受遗赠的表示。到期没有表示的，视为放弃遗赠。关于接受遗赠从何时开始并未明确规定，本院认为本案原告在孔某丁作出遗赠后即持有遗嘱，等待遗赠人死亡后接受遗赠的房屋，应当认定为系原告接受遗赠的表示，故对被告方认为原告放弃接受遗赠房屋的主张，本院不予支持。"[1] 本案中法院虽然确认了被继承人与受遗赠人之间确实存在违反社会公德的非法同居关系，但是法院认为以此为依据否定遗嘱效力于法无据。而且，针对遗嘱处分了共同所有财产的情节，判定超出自己份额的遗赠无效。显然，此案中法院认为违反社会公德与公共秩序并非遗赠无效的原因，遗赠部分无效的直接依据系遗嘱无权处分了配偶的财产。但是，法院并未对此做精致化分析。本书以为比较可取的说理路径应该是，根据合同法的有关规定，无权处分他人财产属于效力待定行为，权利人在法定期间未予以追认，即归于无效。因此本案中的遗嘱无权处分了他人财产，而权利人并未追认，因此遗嘱的相应内容从效力待定归于无效。

第三，法院拒绝适用公序良俗原则，认定遗赠处分有效。在"刘某某与王某某、张某甲、张某乙、张某丙、张某丁遗赠纠纷案"中，上下级法院就遗赠"小三"的遗嘱是否违反公序良俗原则及其效力发生冲突。一审法院认为："2008 年 10 月 24 日，张某与前妻王某某在婚姻登记机关办理了复婚手续。复婚后，遗赠人张某、王某某、刘某某三人就解除张某与刘某某同居关系进行协商，于 2009 年 3 月 6 日达成解除同居协议，张某给付刘某某两万元的股份解除了与刘某某的同居关系，刘某某于当日搬离张某家。2009 年 9 月，刘某某再次搬回张某处与有妇之夫的张某同居，刘某某的做法有违公序良俗，也违背了刘某某、张某、王某某三人达成的解除同居关系的约定；另张某对房屋遗产的遗赠未给无生活来源、无居住处所的合法妻子王某某保留份额，造成王某某无处居住，同时也剥夺了王某某、张某甲、张某乙、张某丙、张某丁的合法继承权。故法院认定，该遗赠无效。但刘某某的确对张某进行了生活照料，张某甲、张某乙、张某丙、张某丁、王某某同意给付刘某某 12 000 元补偿（此款已给付完毕）予以确认。"[2] 一方面，法院认为将个人财产遗赠给"小三"的行为违反了公序良俗原则，

---

[1] 河北省张家口市桥西区人民法院（2016）冀 0703 民初 691 号民事判决书。
[2] 黑龙江省哈尔滨市中级人民法院（2015）哈民二民终字第 767 号民事判决书。

归于无效，受遗赠人不享有根据遗嘱主张一切权利的资格；另一方面，考虑到受遗赠人对遗赠人生前进行了生活照料，肯认可以获得适当补偿。

二审法院则对遗赠行为是否违反公序良俗原则做出了截然相反的判断。法院认为："《继承法》第十六条第三款规定：公民可以立遗嘱将个人财产赠给国家、集体或者法定继承人以外的人。本案中，张某在生前立有二份'遗嘱'，均是张某的真实意思表示。因此，张某完全有权利将其个人拥有全部所有权的房屋遗赠给刘某某。刘某某自愿照顾张某的晚年生活，尤其在张某患病期间更是尽了主要照顾和扶助义务，其行为是一种社会扶助行为，并不违背公序良俗。故原审认定该遗赠无效错误，并判决驳回刘某某的诉讼请求不当，本院予以纠正。争议房屋应归刘某某所有，同时刘某某应将收到的 12 000 元补偿款返还给王某某、张某甲、张某乙、张某丙、张某丁。综上，刘某某上诉请求成立，本院予以支持。"① 二审法院认为，与遗赠人同居生活的受遗赠人自愿照顾对方晚年生活，是社会扶助行为，并不违反公序良俗，遗赠当然有效。本书支持二审法院的观点，因为遗赠人做出遗赠法律行为的目的并非为维持不当正的两性关系，恰恰相反，遗赠人是将个人合法财产遗赠给照顾自己晚年生活的好友，遗赠行为本身并不违反公共秩序与善良风俗，应为有效。我国其他地区法院在处理遗嘱是否违反公序良俗纠纷中也有类似裁决。②

民法典出台前，以公序良俗原则限制当事人以遗嘱处分财产即已成为法院限制遗嘱自由的常用方式。民法典出台后，公序良俗原则正式确立，更成为遗嘱继承纠纷实务中经常被援引以否认遗嘱处分效力的安排。但是，由于实务中基本原则精致化适用的理论与方法并未推进，因此民法典时代法院在适用公序良俗原则以否认遗嘱效力时落入了宣示型适用、逸法型适用、说理论证不充分等司法适用困境。

---

① 黑龙江省哈尔滨市中级人民法院（2015）哈民二民终字第 767 号民事判决书。
② 湖南省长沙市开福区人民法院（2014）开民一初字第 04582 号民事判决书。

在"张某与褚某甲遗嘱继承纠纷案"中，法院认为，遗嘱真实可靠并不当然意味其合法有效。订立遗嘱作为民事法律行为，遵循"意思自治原则"，但遗嘱自由并非绝对无限制的自由。《中华人民共和国民法总则》第八条规定："民事主体从事民事活动，不得违反法律，不得违背公序良俗。"褚某乙在遗嘱中排除张某的继承份额，如果违反法律规定，违背公序良俗，该项内容不能认定合法有效。[①] 接着，法院在论证遗嘱未给张某保留必要份额违反原《继承法》《老年人权益保障法》强制性规定的基础上，专门辟章论述该遗嘱对公序良俗原则的违反，因而宣告无效。法院主张："第一，夫妻之间应当互相扶助，遵守诚信。张某与褚某乙婚姻存续期间将近 20 年，结婚之时张某 54 岁，褚某乙已年近八十，二人年龄相差较大，张某在二人生活中承担更多家庭义务。双方在生活中虽可能有摩擦，但张某与褚某乙携手共同走过近 20 年，在褚某乙晚年时给予其最多照顾、最多扶持与安慰。继承人之外的尽赡养义务者权益尚得到法律保护，尽到扶养义务的合法配偶的权利更应得到保护。同时，褚某乙在《结婚协议书》中与张某约定，双方夫妻关系存续一定年限后涉案房产归双方共有。婚姻关系存续期间，张某履行扶养义务，褚某乙在张某不知情的情况下单方撤销赠予，有悖夫妻之间诚信、互助的伦理。第二，敬老、养老、助老，是中华民族的传统美德，是社会主义道德风尚的体现，是社会主义精神文明建设的重要组成部分。家庭应当树立优良家风，弘扬家庭美德，重视家庭文明建设，弘扬社会主义核心价值观，发扬光大中华民族传统家庭美德，促进家庭和睦。张某年逾七旬，无工作，无劳动能力，理应从家庭和社会中得到关爱。如果其对配偶褚某乙的财产无法继承应有份额，将使其精神上、生活上陷于困境，有悖社会主义核心价值观。因此，褚某乙在遗嘱中排除张某继承份额的行为，违背了公序良俗。"由此可知，法院在论证遗嘱是否违反公序良俗之际，主要参考标准有两个：其一，当事人的遗嘱处分行为是否违背了夫妻之间的诚信

---

① 北京市第三中级人民法院（2020）京 03 民终 8994 号民事判决书。

与互助伦理；其二，是否有悖于社会主义核心价值观。前者为夫妻之间的忠诚义务，后者为民法典与时俱进创设的新规则。将社会主义核心价值观、社会公德、传统美德与公序良俗判定联结甚至混同的做法在实务中比较常见。① 作为民法典中各自独立的法律规范，在司法适用中如何精确划定各自的范围以及发生规范竞合时如何处理，是今后学理与司法方法论不得不认真对待的问题，更是学理推进我国民法典规范创新得以发挥功效的必修功课。但是，遗憾的是，法院并没有厘清公序良俗原则与其他限制遗嘱自由机制之间的适用关系，而且有混淆公序良俗原则、诚信原则以及道德义务的嫌疑。如果具体强制性规则的违反足以证立遗嘱无效，此时无须也不宜再宽泛援引公序良俗原则来裁决纠纷。

在"黄某与刘某、万某甲等遗嘱继承纠纷案"中，法院认为："关于案涉遗赠是否违背公序良俗的问题，因被告举示的证据不足以证明原告与被继承人万某甲存在不正当关系，且原告客观上对万某乙进行了必要的照料，万某甲亦未向原告支付报酬，故对被告的该抗辩意见，本院不予采纳，原告依法取得受遗赠人资格。"② 被继承人将自己的房产遗赠给对其进行照顾的朋友，其法定继承人以双方存在不正当关系主张遗嘱违反公序良俗原则。在本案中，法院以证据不足为由，拒绝援引公序良俗原则。但是，对此裁判的反向解释是，只要接受遗赠一方与立遗嘱人之间存在不正当关系，则即可证明遗嘱违反公序良俗原则而无效。至于，遗赠行为本身是否系为维持不正当关系，暂且不论。这显然与公序良俗原则的宗旨背离，在逻辑上不能成立。因为，纵使被继承人与遗赠人之间存在不正当关系，也并不当然导致遗嘱违反公序良俗原则，而应充分考量遗赠法律行为本身与社会秩序、风俗本身的背离程度。所谓"不正当关系"存在与否充其量仅仅是判定诱发遗赠法律行为违反公序良俗的线索之一，而非决定性要素。

---

① 可参看湖南省邵阳市中级人民法院（2021）湘 05 民再 13 号民事判决书。
② 重庆市江津区人民法院（2021）渝 0116 民初 3042 号民事判决书。

二、特殊人群之照顾

作为一个民主的质疑者，托克维尔曾认为，民主乃世界大势所趋，任何力量都无法阻挡。但是民主社会下会出现"大多数人的专制"，这将使少数人丧失自由，迫使他们诉诸武力，结果社会将陷入无政府状态。① 怎样防止多数人专制一直是人类追寻的主题。追寻的结果是：宪政。而特殊人群之照顾便是这一追寻结果在继承法中的延伸。因为少数人群、弱势群体也是社会的一员，而他们由于身体、生理或年龄的原因，在维护自己权利的道路上举步维艰，如果法律没有特别的制度设计，这些本来边缘化的群体将更加无立锥之地。是故，原《继承法》未雨绸缪，规定了特殊人群照顾之制度，这些照顾弱势社会群体的继承制度也被民法典全盘吸收。

（一）特留份制度

南京市秦淮区人民法院审理的"李某、郭某甲诉郭某乙、童某某继承纠纷案"中，法院认为，根据《继承法》第十九条的规定："遗嘱应当对缺乏劳动能力又没有生活来源的继承人保留必要的遗产份额。"本案原告郭某甲在郭某乙死亡后出生，尚处幼年，原告母亲李某没有固定收入，生活来源缺乏保障，依法应当为其保留必要的遗产份额，以保证原告郭某甲生活所需和健康成长。因此，在遗产处理时，应当为原告郭某甲留下必要的遗产，所剩余部分，才可参照遗嘱确定的分配原则处理。故郭某乙遗嘱剥夺郭某甲继承权的部分无效。② 河南省清丰县人民法院审理"王某甲等诉位某某等继承纠纷案"中，法院认为，原告王某甲、王某乙和被告王某丙的父亲王某丁于 2007 年 3 月27 日所立的遗嘱违反了《中华人民共和国继承法》第十九条规定："遗嘱应当对缺乏劳动能力又没有生活来源的继承人保留必要的遗产份

① ［法］托克维尔著，董果良译：《论美国的民主》（上）第二部分第七章，商务印书馆 1988 年版。
② 江苏省南京市秦淮区人民法院（2006）秦民一初字第 14 号民事判决书。

额。"故该遗嘱中约定王某丁的工资、其他补助全部归王某甲继承的内容无效。①

　　综观前述案例可知,法院在适用特留份制度时,一般会遵从这样的裁判思路:首先认定遗嘱中违背特留份制度的部分无效,然后再做出无效部分的分配方案。但是,在这一思路之中,有以下两个问题有进一步商榷的余地。其一,"双无"人员的判断标准;其二,必要份额之多寡。判决中,法官一般是笼统地直接引用原《继承法》第十九条之规定,其象征意义远大于说理论证的意义,前述两案例皆是以宣告的方式直言:既缺乏劳动能力又无生活来源。至于标准在哪、如何量化,则是留给当事人和代理人去揣度。而关于份额之多寡,"李某、郭某甲诉郭某乙、童某某继承纠纷案"法院给出的解释是,本案中,法官综合案情考虑,给郭某甲留下了三分之一遗产的必要份额。而"王某甲等诉位某某等继承纠纷案"中,"双无"人员位某某仅获得与王某甲共同共有的一台21寸彩电。前后两案例特留份出入之大,无劳动能力无生活来源判断之模糊,充分暴露了原《继承法》第十九条在操作上的困境,法官在心证过程中要么无所适从,要么拥有极大的自由裁量权,为相关人员的上下其手留下了广阔的空间,这无疑是公正法治的大忌。

　　《中华人民共和国民法典》第一千一百四十一条完全照搬了原《继承法》第十九条的内容:"遗嘱应当为缺乏劳动能力又没有生活来源的继承人保留必要的遗产份额。"只是修改了个别字词,以使表述更为精确。职是之故,民法典时代特留份制度的具体化适用仍然付诸司法自由裁量从而给法官精准理解民法规范意旨提出了更高要求。缺乏劳动能力、没有生活来源具体如何认定仍有待实务与学理的互动探索。在"马某、马某1继承纠纷案"中,法院认为,公民可以立遗嘱处分自己的财产。《中华人民共和国民法典》第一千一百三十三条规定:"自然人可以依照本法规定立遗嘱处分个人财产,并可以指定遗嘱执行人。

---

① 河南省清丰县人民法院(2008)清民初字第1362号民事判决书。

自然人可以立遗嘱将个人财产指定由法定继承人中的一人或者数人继承。"《中华人民共和国民法典》第一千一百三十四条规定："自书遗嘱由遗嘱人亲笔书写，签名，注明年、月、日。"郁某某于 2011 年 12 月 7 日所书遗嘱，符合自书遗嘱的规定，对案涉房产进行了处分，该遗嘱系郁某某真实意思表示，内容不违反法律规定。原告不认可该遗嘱，但不申请笔迹鉴定，本院认定该遗嘱合法有效。原告患有阿尔兹海默症，经法院生效判决确定为无民事行为能力人，属于需要被照顾的人，被继承人郁某某在立遗嘱分配遗产时应当对原告保留必要份额。《中华人民共和国民法典》第一千一百四十一条规定："遗嘱应当为缺乏劳动能力又没有生活来源的继承人保留必要的遗产份额。"《最高人民法院关于适用〈中华人民共和国民法典〉继承编的解释（一）》第二十五条规定："遗嘱人未保留缺乏劳动能力又没有生活来源的继承人的遗产份额，遗产处理时，应当为该继承人留下必要的遗产，所剩余的部分，才可参照遗嘱确定的分配原则处理。继承人是否缺乏劳动能力又没有生活来源，应当按遗嘱生效时该继承人的具体情况确定。"法院认为："2018 年 12 月 13 日被继承人郁某某去世，案涉遗嘱生效，遗嘱生效时原告已被诊断为阿尔兹海默症，丧失劳动能力，虽每月领取少量退休金，但需大量资金用于购买药品。故遗产处理时应当为原告保留必要的遗产份额。综合考虑原告的实际生活需要及遗产的价值等，酌情确定原告的特留份额价值为 80 000 元。原告要求的其他诉讼请求缺乏事实依据及法律依据，不予支持。"① 法院在认定丧失劳动能力的基础上，认为有退休金并不足以支撑法定继承人的正常生活及日常医疗，因此根据实际生活需要与遗产价值确定法定继承人应享有的遗产的份额。

但是，在类似案件中，又不乏法院以存在退休金为由否认特留份适用的空间。在"陈某甲、王某丁等遗赠纠纷案"中，法院认为："遗嘱是遗嘱人生前按照自己的意思和想法处分自己财产的行为，体现的

① 陕西省西安市碑林区人民法院（2020）陕 0103 民初 10697 号民事判决书。

是遗嘱人的真实意志。本案中，被继承人王某甲于 2007 年 12 月 27 日书写了《我们的决定书》并签名捺印；被继承人王某甲与王某乙于 2008 年 1 月 7 日所立的两份遗嘱均经过山东省烟台市鲁东公证处公证，不违反国家法律、法规的强制性规定；被继承人王某乙再次于 2013 年 12 月 31 日立遗嘱并经山东信力源律师事务所指派律师刘作荣、孙美琴进行了见证，在该份遗嘱中被继承人王某乙明确表示其坚持《我们的决定书》中的意见。在上述所涉的证据中被继承人王某甲、王某乙多次明确表示将涉案房屋遗赠给原告个人所有。故本院依法予以认定将涉案房屋赠予原告个人所有系被继承人王某甲、王某乙的真实意思表示。被告王某丙、王某丁的此项抗辩理由，本院不予采信。被告王某丁主张被继承人王某乙在 2013 年 12 月 31 日立遗嘱时已无民事行为能力的抗辩理由，因其在本院限期内未提供相关证据，本院不予采信。被告王某戊虽为精神残疾二级，但其本人有退休金收入，且本案仅涉及涉案房屋并不涉及被继承人王某甲、王某乙的其他遗产，被告王某丙、王某丁的此项抗辩理由，并不符合《中华人民共和国民法典》第一千一百四十一条'遗嘱应当为缺乏劳动能力又没有生活来源的继承人保留必要的遗产份额'之规定，本院不予采信。"[①] 本案中，法院认为特留份制度适用的前提是法定继承人"缺乏劳动能力"以及"没有生活来源"，而且对后者做严格解释，由于该案中法定继承人有退休金，认为不符合"没有生活来源"的构成要件从而否认特留份制度的适用。至于根据实际生活需要、日常医疗与遗产实际价值，该退休金所代表的"生活来源"是否充分在所不论。显然，与前述案例相较，不同法院在援引特留份制度限制遗嘱自由时审查的标准与尺度并不统一，甚至互相矛盾，亟待检讨。

有鉴于此，笔者以为，为实现同案同判的法治要求，尽可能实现法律决定的可预测性与可接受性，有必要在总结司法经验的基础上提供一个特留份的可操作性量化标准，必要份额亦应该有相应比例之规

---

① 山东省烟台市芝罘区人民法院（2021）鲁 0602 民初 7138 号民事判决书。

定，使法官适用时有所遵循，有所指望。具体而言，有三种立法例可供参酌①：第一，以法定继承数额来界定特留份多寡。如德国《德国民法典》第 2303 条规定特留份为法定继承份份额的半数。第二，以被继承人遗产全部来界定特留份。《日本民法典》第 1028 条规定，只有直系卑亲属是继承人时，或者直系卑亲属及配偶是继承人时，其特留份为被继承人财产的 1/2；其他场合，特留份为被继承人财产的 1/3。第三，按照继承人的人数来决定其处分权为遗产的多大比例，不能用遗嘱处分的部分就是继承人的特留份。如法国《法国民法典》第 913 条规定，被继承人死亡时仅有一个子女的，其享有对财产的处分权不超过遗产的半数；有两个子女时，其享有对财产的处分权不超过财产的 1/3；有三个子女时，其享有对财产的处分权不超过财产的 1/4；被继承人不得处分的部分就是其子女的特留份。该法典第 914 条还规定被继承人如无子女，其直系尊亲属为继承人时，则分两系继承，不问人数多少，各系均有 1/4 的保留份；若两系全在时，被继承人只能处分 1/2 遗产。

（二）胎儿预留份制度

案例一： 重庆市秀山土家族苗族自治县审理的"杨某诉周某甲继承纠纷案"中，法院认为，公民的合法的民事权利，受法律保护。关于原告杨某与死者周某乙的遗腹子女是否可以主张并分配赔偿金的问题，《民法通则》虽然规定了公民的民事权利能力始于出生，终于死亡，本案的遗腹子女在索赔时未主张权利，但遗腹子女作为特殊主体，在权利分配时应该给予必要的保护和照顾。鉴于目前遗腹子女尚未出生，但其应该享有的财产份额应该予以保留，待胎儿出生并确认是活

---

① 参见吴国平：《遗嘱自由及其限制探究》，《海峡法学》2010 年第 3 期。文中详举了四种立法例，除本文所列三种外，还有英国的"政府津贴"，但其高度灵活，法官因人因事因时而决定份额多寡，与我国现存制度异曲同工，难解当下中国必留份额适用困境。

体后予以分配。在所得赔偿金 29 万元中未分别列出赔偿项目及其费用是多少，因此本院结合赔偿金的现有数额，并照顾到遗腹子女今后的抚养需要，对原告代为其遗腹子女主张分割赔偿金 29 万元中 8 万元的财产份额，本院酌定予以支持 4 万元。①

案例二：江苏省南京市秦淮区人民法院审理的"李某某、范某诉范某业、滕某继承纠纷案"中，法院认为，《继承法》第十九条规定："遗嘱应当对缺乏劳动能力又没有生活来源的继承人保留必要的遗产份额。"第二十八条规定："遗产分割时，应当保留胎儿的继承份额。胎儿出生时是死体的，保留的份额按照法定继承办理。"被继承人范某祥明知原告李某某经其同意，已经通过人工授精手术受孕，但在立遗嘱时以其不要这个孩子为由，将自己遗留的房产全部交给父母继承。范某祥死亡后，原告范某出生。范某是范某祥的婚生子、合法继承人，出生后缺乏劳动能力又没有生活来源。范某祥没有在遗嘱中为范某保留必要的遗产份额，不符合《继承法》第十九条的规定。因此在遗产处理时，应当为范某留下必要的遗产，剩余部分才可以按遗嘱确定的分配原则处理。②

综观前述案例，不难发现：首先，从案例一中可知，法院在对待胎儿预留份问题时，用语上是前后矛盾的，以《民法通则》为据得出胎儿不具有权利能力，而在后文中又提到以特殊主体相待，试问，没有权利能力怎能成为民法上的特殊主体？这也说明在判决说理方面，法官的业务水平仍有待提高，毕竟判决乃追求司法精确化的活动，不可含糊其词。其次，实务中，法院在胎儿尚未出生即将被继承人遗产分割的情况并不少见，一旦胎儿死体，又生返还纠纷。而且，胎儿出生前，关于份额之多少并无刚性标准，法院判词中一般使用"酌情"

---

① 重庆市秀山土家族苗族自治县人民法院（2010）秀法民初字第 00215 号民事判决书。
② 《中华人民共和国最高人民法院公报》2006 年第 7 期。

这一弹性词汇，给事后纠纷预留了舞台。再次，从案例二可知，胎儿预留份制度在司法实践中受到了现代科技的强大冲击，即通过"人工授精"而怀上的胎儿在伦理与血亲上的认同感远比不上自然受精所生产的胎儿，是故，在伦理性与技术性并重的继承法领域，有案例二类型的出现：父亲不认胎儿为自己的骨肉，以遗嘱方式将自己毕生心血留给其他亲人。最后，司法适用过程中存在将原《继承法》第十九条所规定的特留份制度与第二十八条胎儿预留份制度同时适用的错误倾向。特留份制度规定在原《继承法》第三章遗嘱继承和遗赠，而胎儿预留制度规定在第四章遗产的处理。显然，二者所保护的对象迥异：前者为在继承开始时已经取得民事主体资格的自然人，而后者是基于价值判断而非逻辑推理的人文关怀举措。正如孟德斯鸠所言：在民法慈母般的眼里，每个人就是整个国家。胎儿出生后能否获得相应份额取决于其生命体征，而且就算是活体，其享有的也非继承权，而是法律对弱者的特殊照顾，自然无适用第十九条特留份制度的空间。

民法典编纂过程中，对于原《继承法》第二十八条规定的胎儿预留份制度予以全盘吸收，并在表述上更为精确，将"出生"置换成"娩出"。虽然《民法典》已经颁行两年，但是笔者在北大法宝数据库检索发现，尚无适用《民法典》第一千一百五十五条的判决。考虑到在规范设计上《民法典》对原《继承法》完全继受，在司法适用方法论没有大的改观的情况下，前述案例所暴露的问题极有可能成为困扰未来《民法典》保护胎儿利益精神得以贯彻的绊脚石，不可不察。

（三）"五保户"制度

河南省三门峡市中级人民法院审理的"上诉人薛某甲与被上诉人卢氏县双槐树乡庆家沟村一组遗赠扶养协议纠纷案"，薛某乙为"五保户"，其与薛某甲签订遗赠扶养协议，约定由薛某甲负责薛某乙的生养死葬，薛某乙的财产及承包经营权归薛某甲继承。而卢氏县双槐树乡庆家沟村一组以薛某甲非本集体小组成员，不认可其承包经营权。法院认为，遗赠协议有效，但又支持了村小组的请求，即薛某甲无权继承承包经营权。①

　　由于制度的特殊性，"五保户"制度与遗赠扶养协议纠纷有高度并发性。应该说，"五保户"对遗嘱自由之限制在原《继承法》中未着一词，而是由《最高人民法院关于贯彻执行〈中华人民共和国继承法〉若干问题的意见》第 55 条予以明示：集体组织对"五保户"实行"五保"时，双方有扶养协议的，按协议处理；没有扶养协议，死者有遗嘱继承人或法定继承人要求继承的，按遗嘱继承或法定继承处理，但集体组织有权要求扣回"五保"费用。该案中，如果法院认定遗赠扶养协议有效，根据最高人民法院司法解释，薛某甲取得继承权并无法律上的障碍。只是村小组可以从薛某甲所继承的全部财产中，扣回"五保"费用而已。因此在类似案件的处理中，法院首要遵从的应该是意思自治的精神，然后才是考量规制适用依据，而且，规制制度本身也并非通常所理解的，"强制"与"自治"就是截然对立、水火不容的，其实不然，强制或限制的设计正是为了使自治拥有更广阔的天地。

三、民族特色之遵从

　　法律规范有限，而实践无穷，这是立法者理性局限与实践蓬勃发展必然的结局。为妥适处理此一矛盾，立法者往往通过立法技术保持法典的开放性。从比较法来看，经典法域不少国家和地区在民法典中开宗明义将习惯与法理作为正式的法律渊源，以济法律规范之穷。最典型的莫过于《瑞士民法典》第 1 条："任何法律问题，凡依本法文字或其解释有相应规定者，一律适用本法。法律未规定者，法院得依习惯法，无习惯法时，得依其作为立法者所提出的规则，为裁判。在前款情形，法院应遵从公认的学理和惯例。"② 在"法不禁止即自由"这一私法精义指引下，习惯法与法理在私法纠纷裁判领域登堂入室。根据我国原《继承法》第三十五条之规定，民族自治地方可以做出补充

---

① 河南省三门峡市中级人民法院（2011）三民终字第 438 号民事判决书。
② 戴永盛译：《瑞士民法典》，中国政法大学出版社 2016 年版，第 1 页。

或变通规定，体现对少数民族地区的传统习惯的尊重。少数民族地区遗嘱自由除了不得违背继承法保护老幼妇孺等基本原则外，显然，还必须遵从少数民族固有的传统习惯，如果遗嘱的内容冒犯了传统习俗，那么亦得不到实现。在已收集到的案例中没有关于少数民族继承纠纷适用原《继承法》第三十五条之情形，各民族地区之变通规定的适用也无相关案例。是故无法做具体阐释，但法理上，根据少数民族习惯所制定的变通与补充规定当然成为遗嘱自由所不能突破的"高压线"。

我国立法者借鉴世界大同良规，在《中华人民共和国民法典》第十条规定："处理民事纠纷，应当依照法律；法律没有规定的，可以适用习惯，但是不得违背公序良俗。"显然，民族自治地方根据民族继承习惯所订立的遗嘱，只要不违反善良风俗原则，仍有相当自由，甚至可以做出变通安排。

第三节　司法适用谬误的匡正

从目前司法适用的情况来看，在这样一个道德滑坡、价值式微的时代，遗嘱自由面临的最大挑战来自"公序良俗"。笔者以为，无论是"杭州遗赠案"，还是"泸州遗赠案"，价值对立的双方皆能找到充足的法律、伦理依据为自己的主张鼓呼。质言之，学者也好，"妇联"也罢，都是先有了立场，然后才去为自己的立场寻求合理化论证，这种先入为主的价值判断，使自己在法律的论证过程中"三心二意"甚至直接弃法而去，直接"以德入法"。毋庸置疑，任何法律体系，无论大陆、英美法系，还是伊斯兰法系，皆有自己的道德前提，纵使是主张道德与法律泾渭分明的实证法学派的大师们亦不得不承认法律的道德指引作用。司法适用过程中，法官无论是"纯法而治"，还是"以德治案"，皆会使判决建立在偏执的流沙之上，很难得到大部分人的基本认同，即很难获得正当持久的合法性。拉伦茨有言：仅以尊重每个人自觉决定和自己承担责任的能力为出发点，而不加入社会伦理方面的因素，还不足以构筑司法制度。① 是故，对于"纯法而治派"来说，不是固执地坚守排斥道德适用的问题，而是通过怎样的法律技术使道德的因素流畅地寓于法律论证的过程中，而不至于唐突；对于"以德治案派"来说，不是游离法律主张道德刚性的问题，而是考虑道德以何种合理的方式介入到法律适用的过程中，而不至软化。所以两类似案例的相反处理，并不能毅然断言孰对孰错，也不可能有一个一刀两断的结论。判决的生命在于能使双方基本接受，真正地定纷止争。法官在"以德入法"时，再怎么小心谨慎亦不为过，尤其是，在道德的招引下去推翻法律推理的结论时。但是当法律的严格适用将招致"天怒人怨"的社会后果时，那么就需有不惮以德入法的勇气。

从判决中适用规则的方式来看，存在以下几个问题：①多此一举，毫无实意；拙作第一部分提到的意思自治原则的宣示型适用即是对这一问题最集中的反映。②法律的适用技术仍有待提高，如原则与规则适用的先后、取舍，这本是法律推理过程中的常识性技术，可是在实践中，颠倒顺序，混乱适用却不乏其例。③逸法现象太多，当法律模糊或法律失语时，不是优先去探究其他规则适用的可能性，而是直接以原则笼统介入，甚至直接"以德入法"。虽然不能奢望法治还不是很成熟的当下，法官能如德国法官那样的睿智——通过诚实信用原则创设情势变更制度——但是至少亦步亦趋、循规蹈矩式的学习与模仿应该是可行的。诚如王伯琦先生指出的：我可以不躇地说，我们现阶段的执法者，不论其为司法官或行政官，不患其不能自由，唯恐其不知科学，不患其拘泥逻辑，唯恐其没有概念。②

再者，法院做出判决时，有一种"省力而极端不讨好"的做法，"一锅粥"式地适用法律规则，先将所有事实皆陈述殆尽，然后再大笔一挥：根据《××法》第×条、第××条，……判决如下。例如，云

---

① ［德］卡尔·拉伦茨著，王晓晔等译：《德国民法通论》，法律出版社 2003 年版，第 58 页。

② 王伯琦：《论概念法学》，载王伯琦：《近代法律思潮与中国固有文化》，清华大学出版社 2005 年版，第 168 页。

南省昆明市中级人民法院审理的"李某某与布某某某继承纠纷上诉案"中，法官在判决中写道："……据此，依照《中华人民共和国继承法》第十条、第十九条、第二十条、第二十六条及《中华人民共和国民事诉讼法》第一百五十三条第一款第二项、第三项及第一百零七条第一款之规定，判决如下：……。"① 辽宁省辽河油田中级人民法院审理的"孟某某与孟某等遗嘱继承纠纷上诉案"② 亦存在同样的问题。民法典时代，虽然无论规范设计还是各编之间以及部门法之间的衔接更为紧凑，但是，由于司法方法论反思的滞后，法典的全新理念与制度创设若要落到实处仍有相当长的路要走。前述"一锅粥"式地适用法律规则的做法在实务中屡见不鲜。如在"廖某、覃某等遗嘱继承纠纷"中，法院在罗列事实后，即写道："依据《中华人民共和国民法典》第一千零六十三条、第一千一百二十三条、第一千一百二十四条、第一千一百三十三条、第一千一百三十四条、第一千一百四十一条、第一千一百四十二条、第一千一百四十三条、第一千一百四十四条之规定，判决……。"③ 又如在"巨某、赵某等遗嘱继承纠纷"案中，法院在简要罗列案件事实后，写道："综上所述，依照《中华人民共和国民法典》第一千一百二十条、第一千一百二十一条、第一千一百二十二条、第一千一百二十三条、第一千一百二十六条、第一千一百二十七条、第一千一百三十条第一款、第一千一百三十二条、第一千一百三十三条、第一千一百五十二条、第一千一百五十三条、第一千一百五十八条，《中华人民共和国民事诉讼法》第六十四条第一款，《最高人民法院关于适用〈中华人民共和国民事诉讼法〉的解释》第九十条之规定，判决……。"至于各种案件事实与法律规范的构成要件如何匹配，如何通过三段论推理得出符合逻辑的裁决结果等均付诸当事人与研究者自行思考补足。

---

① 云南省昆明市中级人民法院（2006）昆民三终字第814号民事判决书。
② 辽宁省辽河油田中级人民法院（2008）油民一终字第4号民事判决书。
③ 广西壮族自治区河池市（地区）中级人民法院（2021）桂12民终2331号民事判决书。

遗憾的是，在司法实践中此类判决并不占少数。应该说，法院的存在价值，在于提供了一个大家可以心平气和坐下来，评理论证的平台，尽量减少意气用事或群情激愤的情形发生，法院的智慧结晶——判决书——应该慢条斯理地抽丝剥茧地通过大前提、小前提，严格运用推理的艺术，将案件所涉及的各个法律事实加以认定，分别定性，进而适用法律，然后做出最终尽可能使双方都接受的裁决，实现定纷止争的制度使命。实践中粗暴的做法，显然不是判决合法性与具备说服力的前提。

从制度创新的角度来看，法官之判决也并非乏善可陈，例如，上海市黄浦区人民法院审理的"施某等诉徐某等遗嘱继承与法定继承纠纷案"中就提到了家庭会议制度①。虽然判决中对家庭会议的意见未予采信，但不失为一个制度重构的契机。中国传统的宗法伦理思想在中国人的心里仍有深深烙印，在伦理色彩浓重的继承制度中予以探究重构似乎并无不妥，更何况根植于这一理念的我国台湾地区民事相关规定中的"亲属会议制度"亦可供借鉴。

本章小结

意思自治是整个民法的基石，但是随着社会的变迁，自由的内涵与外延此消彼长。多如牛毛的规制制度与法令，如木马中的雄兵涌进特洛伊城。正如本章着重讨论的遗嘱自由一样，当它启动之际，一个个限制的闸门已经打开，随时准备防止自由如洪水般泛滥。自由的悖论恰恰在于，自由的保障来自对自由的限制。② 当然，规制制度本身也并非通常所理解的，"强制"与"自治"就是截然对立、水火不容的，其实不然，强制或限制的设计是为了使自治拥有更广阔的舞台。无论是"公序良俗"，还是"特殊群体之照顾"，抑或其他"闸门"制度的

---

① 上海市黄浦区人民法院（2012）黄浦民一（民）初字第 862 号民事判决书。
② 刘瑜：《民主的细节》，上海三联书店 2011 年版，第 224 页。

设计，皆是为了更好地实现意思自治的理念。通过对遗嘱自由的司法适用考察，可知法律规则的适用棘丛不仅来自制度缺陷的诱因，更是规则适用技术的不足所致。在此基础上再论移植，再考究制度之取舍与改进之策方有意义。否则，制度再好再先进，亦不过冬之葛，夏之裘，美非不美，实扞格不可尽其利。司法是一种寻求中道平衡的过程，是一种中庸之道。司法官的重要任务是通过某些技术手段使得判决能够被理论认识水平参差不齐的人基本接受、认同。笔者通过对遗嘱自由在继承纠纷中适用情况的考察，深感这个中道的事业历久弥新，法律人难以给出一个一劳永逸的解决之道，但是将正义道德悬为标鹄，永远无法实现而又无限靠近的过程本身，依然令人欣慰。

第四章　利益衡平：遗嘱限制中的价值博弈

——一个经济分析的视角

不是钱所能买到的，但能够为钱而卖掉。①

人的灵魂是可以出售的。……人各有价。②

　　价值的博弈可以称得上是法理学研究的永恒命题。古今中外法学家们对之青睐有加，研究成果亦可谓汗牛充栋。虽说关于价值的本质、适用的秩序、发展沿革等自然是言人人殊，但对法价值研究的重要性却少有否认者。佩雷尔曼有言："法律基本上是关于各种价值的讨论，所有其他的问题都是技术问题。"③ 虽说此语过于武断，但就价值作为一切制度与规则的内在合理性基础与效力的根基而论，亦不为过。法理学大师庞德有云："价值问题虽然是一个困难的问题，但它是法律科学所不能回避的。即使是最粗糙的、最草率的或最反复无常的关系调整或行为安排，在其背后总有对各种互相冲突和互相重叠的利益进行评价的某种准则。"而且"在法律史的各个经典时期，无论在古代和近代世界里，对价值准则的论证、批判或合乎逻辑的适用，都曾是法学

---

① 鲁迅：《鲁迅经典大全集·坟》，外文出版社 2012 年版，第 241 页。

② 张五常：《学术上的老人与海》，社会科学文献出版社 2001 年版，第 151 页。

③ 转引自吕世伦：《西方法律思潮源流论》，中国人民公安大学出版社 1993 年版，第 232 页。

家们的主要活动"。① 然而，价值的构成要素为何？法学家们给出了风格迥异的答卷。② 笔者以为尽管学者们论述各异，但对法价值的基本范畴还是可以勉强称得上具有内在同质性，即自由、公平、秩序。鉴于20世纪中期，以科斯肇基、波斯纳等发展的法律的经济分析对法学大举"入侵"，首先是意外地③，后来是刻意地④为法学分析提供了新视角。因此效率在法价值体系中分得日益加码的"一杯羹"。资源的稀缺和人性的贪婪往往是制度形成的诱因。遗嘱继承制度，这一民法意思自治原则在继承法领域的"桥头堡"，民法中财产转移的重要方式，亦不能免俗。既要坚守自己的民法品格（意思自治），又不能忤逆资源优化配置的社会要求（效率原则），其强烈的身份属性使其必须得兼顾法律对公平与秩序价值的不懈追求。价值的悖论在某种程度上可以称为该制度发展的源头活水，无论是司法官还是学者都在不断创造价值平衡的艺术。

很显然，文义的训诂几乎无所裨益。因为很少有立法将理念之争以成文法的方式加以秩序预设以便定纷止争。比较法的视角似乎也至

---

① ［美］罗斯科·庞德著，沈宗灵译：《通过法律的社会控制》，商务印书馆2010年版，第62页。

② 新自然法学派后起之秀菲尼斯提出了自然法的人类基本幸福或基本价值主要有七种形式，即生命、知识、游戏、美感、社交、实践智性、宗教。参见吴一裕：《菲尼斯新自然法理论研究：自然法上"善"的追寻》，法律出版社2009年版。美国学者指出法律制度的三个基本价值式：秩序、公平、个人自由。参见［美］彼得·斯坦、约翰·香德著，王献平译：《西方社会的法律价值》，中国人民公安大学出版社1990年版。也有学者认为，秩序、自由、正义是法的基本价值。参见卓泽渊：《法的价值论》，法律出版社1999年版，第662页。

③ 意外卷入者如科斯。他一再宣称，他关心的对象是经济学，而且是限于经济制度研究中的狭义经济学。这种立场从他引用史蒂格勒的一句话中表达得最明了不过了：只有经济学家才能懂经济学家。参见简资修：《科斯经济学的法学意义》，《中外法学》2012年第1期，第203页。

④ 刻意"闯入"者如波斯纳等。他们被戏称为经济学帝国主义者，以经济学的方法与概念将法律假定为一个市场，对法律现象、制度进行系统的分析解构与重构。集大成者莫过于波斯纳法官洋洋洒洒数十万言的皇皇巨著《法律的经济分析》。

多差强人意，毕竟各族群的传统、历史、文化、理念等不啻霄壤，纵使有个别国家或地区之立法将价值的序列做出安排，其究竟有多大借鉴意义殊值商榷。① 历史的分析，提供的经验往往也多于理性与逻辑，对制度合理性的说明论据亦力不从心。运用经济学的方法分析遗嘱继承中的价值博弈，再由此提出操作遗嘱自由条款与其他价值在实践中冲突的处理方向，或许是一条更可行的思考路径。笔者才学窳漏，对经济学的了解局限于粗浅层面，以下充其量只是对遗嘱继承制度中价值博弈这一问题做一个"宏观"的背景分析。本章拟先简要梳理一下遗嘱继承制度中四大价值的脉络，再尝试借用经济分析的方法对遗嘱自由适用过程中与其他价值背离而产生的冲突做一评析，进而以此为基础对司法实践中司法官的经济权衡做一实证研议，以期对遗嘱自由适用的实务提供可行的操作方向。本章试图以实务为基石，助益于方兴未艾的经济分析法学②在面对"抽象价值失语"③ 的指责汪洋中提供一个可能的立足点。

---

① 就目前笔者所检索的大陆法系国家民法典而言，尚未发现有将价值做秩序适用先后的论述。英美法系判例法也仅就价值个案中的先后顺位做具体分析，根据类似问题类似处理形成先例沿用倒不乏其例。

② 法律的经济分析在诞生之后的几十年间斩获颇丰，以波斯纳为代表的传统思维将效率与正义的冲突设置成法律与市场经济的首要紧张状态，而马老一又将符号学引入经济分析法学研究中，提出了"创造力"一词，并且将创造力与效率之间的冲突与波斯纳等前辈的正义与效率冲突分庭抗礼，使分析法学达到了一个全新的高度，视野更加广阔，而且相较于传统的研究方法具有无可比拟的包容力与发展潜力。我国也经历了 20 世纪 90 年代的经济分析法学的播种和成长期，且发展迅速。未来的经济分析法学将更加注重价值的多样化与动态法律的研究。参见钱弘道：《法律的经济分析方法评判》，《法制与社会发展》2005 年第 3 期。

③ 虽然经济分析的方法在几代经济分析法学者的努力下取得了不菲成就，尤其是在合同、侵权、犯罪等领域已经巩固了阵地。但是当面对抽象的模糊的价值分析时，却往往避而不谈或轻描淡写，颇有点"非不为也，实不能也"的无奈风味。波斯纳在《法律的经济分析》中用经济分析方法全面地分析了法律现象，但是集中于合同、侵权、犯罪等领域。萨维尔的《法律经济分析的基础理论》亦然，对家庭等伦理性与价值碰撞明显的宏观领域着墨不多。

第一节　遗嘱继承制度价值观念的考察

对遗嘱自由的诸多非难中，使公平与正义为利器者居多，大都从其中提取伦理与正当的素养；对遗嘱自由另一个强有力的冲击来自效率，即如何在有限资源的条件下，使边际成本与边际收益达到最佳的平衡点，使其归向最高价值。[①] 在遗嘱继承领域能与遗嘱自由分庭抗礼者恐怕也就只有公平、效率与秩序了。在对价值冲突进行经济分析前，有必要先对基本价值在遗嘱继承制度中所扮演的角色做一简扼阐释。

一、遗嘱自由的"帝王"地位

自由（liberty，freedom）是人类追求的永恒目标，在哲学家、政治学家、法学家的案几上都有它的一席之地。亚里士多德、霍布斯、莱布尼兹、休谟、黑格尔……古圣先贤们的丰富阐释为自由这一法律追求的第一位阶价值提供了肥沃的思想土地。意思自治乃自由价值在民法领域的"代言人"，而遗嘱自由又是意思自治在继承法领域的"马前卒"。遗嘱自由的地位可想而知。笔者以为，如果说诚实信用原则乃民法的"帝王"条款[②]，那么遗嘱自由条款担纲继承法领域的"帝王"角色恰如其分。然而遗嘱自由并非如空气、水、阳光一般理所当然，美国国父们的宣称[③]也仅仅是一个美好憧憬。从人类为遗嘱自由抗争的艰辛历程中可瞥见权利之来之不易。凡论民法法系现制，古罗马是一个无法越过的栈道，几乎现制中的主要制度皆可以在罗马法中找到它

---

① R. H, Coase, The Problem of Social Cost, *The Journal of Law and Economics*, *Vol.* 56, No. 4, 2013, pp. 837 – 877.

② 有关诚实信用原则"帝王"条款之地位的论述请参见王泽鉴：《民法学说与判例研究》（第一册），北京大学出版社 2009 年版，第 149 – 154 页。

③ 杰斐逊在美国《独立宣言》中写道："我们认为这些真理是不言而喻的……其中包括生命、自由和追求幸福的权利。"参见《外国法制史资料选编》，北京大学出版社 1982 年版，第 440 – 441 页。

的胚芽或成品，遗嘱自由亦不例外。遗嘱自由原则的雏形（单就成文法肯认之形式而论）首见于罗马《十二铜表法》（第 5 表第 3 条：凡以遗嘱处分自己的财产，或对其家属指定监护人的，具有法律上的效力）。① 但是，当时立遗嘱的目的乃是延续死者的人格，身份的继承意义远甚于财产的处分，只是资产阶级革命之后才将身份的分量从遗嘱中剥离。正如历史法学派大师梅因指出的："……所有进步的社会运动，到此处为止，是一个'从身份到契约'的运动。"② 在中世纪，宗教宣扬无遗嘱死亡为一种罪恶③，这极大地促进了遗嘱制度的发展。如妇女遗嘱权与寡妇财产原则的确立④、遗嘱执行人制度⑤的演进等，宗教与教会可以说是功不可没。由此观之，"宗教信仰是所有权与继承权的基础"⑥ 的论断并非溢美之词。遗嘱自由的"帝王"地位除了上述艰辛的历程明证外，更恳切之原因在于另外两点：第一，它是财产权

---

① 参见费安玲：《罗马继承法研究》，中国政法大学出版社 2000 年版，第 102 页。

② 需要特别说明的是，梅因在得出这个流传深远的经典结论时，用语殊为审慎：首先，把"身份"这个名词仅仅用来表示一些人格状态；其次，他限定"到此处为止"，至于随着社会发展此过程是否可逆仍付诸实践评判。参见［英］梅因著，沈景一译：《古代法》，商务印书馆 2011 年版，第 112 页。

③ 在中世纪，教会之所以不遗余力地介入和推动遗嘱制度的发展，原始动因就是希望教众将财产捐给教会以赎罪且被认为是信众的一种忏悔，甚至未经遗嘱表明即"强制性"推理遗嘱中有捐赠教会的意思。有关宗教在遗嘱制度的演进上的详细论述参见［美］阿瑟·库恩著，陈朝璧译注：《英美法原理》，法律出版社 2002 年版，第 222 – 238 页。

④ 梅因盛赞到，关于寡妇的规定应当归功于教会的努力，它始终不放松对失去丈夫的妻子利益的关怀——经过两到三个世纪的坚决要求后，才赢得了也许是所有胜利中最艰难的一个胜利，即丈夫在结婚时就明确地保证要赡养他的妻子，到最后成功地把"亡夫遗产"的原则列入全欧的习惯法中。参见［英］梅因著，沈景一译：《古代法》，商务印书馆 2011 年版，第 147 页。

⑤ 关于教会法对遗嘱执行人制度的详述参见：［美］哈罗德·J. 伯尔曼著，贺卫方等译：《法律与革命——西方法律传统的形成》，中国大百科全书出版社 1993 年版，第 282 页；何勤华、魏琼主编：《西方民法史》，北京大学出版社 2006 年版，第 215 页。

⑥ ［法］古郎士著，李玄伯译：《希腊罗马古代社会研究》，中国政法大学出版社 2005 年版，第 59 页。

自由在继承领域的衍生；第二，它是私法自治之精义在继承领域的坚实堡垒。兹分述之：如果说古代继承制度中，身份的继承乃"正室"而财产的继承乃"偏房"，那么现代法制建立之后，财产的继承已经牢不可破地转偏为正了。诚如罗马法谚所云：遗产继承之诉就是一种对物之诉。[①] 财产权自由之于人格与文明的显赫地位决定了遗嘱自由这一表征在继承领域的高度。正如德国哲学家费希特有言：财产不只表示对不动产之类的东西的占有，而且也表示对感性世界中自由行动的权利。[②] 遗嘱继承无疑是一个掺杂了太多感性因素的世界。洛克更是将生命、健康、自由、财产四种最古典的自然权利列为人们在签订社会契约时未曾让渡的权利。[③] 古罗马遗嘱法在财产权方面的建树在于明确规定拥有财产为遗嘱人资格的充分必要条件，[④] 遗嘱自由挣脱身份继承的束缚而进化为单纯的财产转移方式之一体现着意志自由在继承领域的延续，如果"私有财产制度，乃遗嘱继承制度最有力的支持者"[⑤] 所言不虚的话，那么遗嘱自由无疑是对这一天赋权利的忠实捍卫。另外，遗嘱自由是人们依据自己的意志安排生活的实践，即私法自治。诚如梅迪库斯指出的："在许多重要情形，行为自由是通过法律行为行使

---

① 罗马法原始文献 Digesta D. 6. 1. 27. 3，费安玲主编：《学说汇纂》（第三卷），知识产权出版社 2011 年版，第 227 页。

② 参见［美］凯恩斯·亨廷顿：《从柏拉图到黑格尔的法律哲学》，西方法律思想史编写组：《西方法律思想史资料选编》，北京大学出版社 1983 年版，第 331 页。

③ 诚如洛克指出，私有财产要么是上帝给予亚当的，要么就是掺进了人的劳动，所以不可侵犯。洛克关于财产权的详细阐述参见［英］洛克：《政府论（下）》，商务印书馆 1995 年版，第 19 页。深受洛克影响的美国国父们将洛克之财产权进行了美国特色的本土化即追求幸福之权。参见谷春德：《西方法律思想史》，中国人民大学出版社 2006 年版，第 159 页。

④ 参见费安玲：《罗马继承法研究》，中国政法大学出版社 2000 年版，第 110 页。费安玲教授指出："无论是为了死者法律地位的延续而以一把剑作为象征转交给继承人，还是遗嘱人为了解决指定继承人的经济困境而交付一笔数额巨大的金币，这些目的的实现不可能离开剑与金币等诸多表现形式的财产。"

⑤ 陈棋炎、黄宗乐、郭振恭：《民法继承新论》（修订三版），三民书局 2006 年版，第 246 页。

的。这就是那部分与法律关系相关的行为自由，如订立合同的自由或设立遗嘱的自由等。我们把行为自由的这部分称为私法自治。"① 虽然现在不乏为私法自治大唱哀歌之论调②，但是遗嘱自由对于贯彻财产权保护的彻底性与对私法自治的尊重可以说从未被真正撼动。也正是如此，世界各国无论英美法系还是大陆法系无不明确遗嘱自由这一基本原则，英美的盎格鲁－撒克逊的自由传统自不必赘论，大陆法系各国亦于法典中明确申言（拉丁语系翘楚《法国民法典》第 967 条，日耳曼语系龙头《德国民法典》第 587 条。其他大陆法系国家也大都师从二者做了类似规定）。我国原《继承法》第十六条："公民可以依照本法规定立遗嘱处分个人财产，并可以指定遗嘱执行人。"两大法系国家一般不满足于自由之宣示，更切实地制定了一系列预防措施保障遗嘱自由的真正落实。③

二、兼顾公平的铿锵呼声

自由诚可贵，公平（正义）价更高。在遗嘱继承的价值体系中，一般都认为公平是一种防止遗嘱人恣意造成不公局面（如对特留份之侵害等）的一道栅栏。可是从罗马法土壤上生长发芽苗壮起来的遗嘱继承制度却告诉我们，公平与其说是对自由浮滥的钳制，不如说是自由得以确立的根基。梅因对罗马法的细致考察为这一论点提供了佐证。古罗马时代的遗嘱并非不公平分配财产之原因，而是维护社会公平与正义之手段。梅因在传世经典《古代法》中谈道："罗马人从没有把一个'遗嘱'用作剥夺一个家族继承权的一种手段，或用作造成一项遗产的不公平分配的一种手段……遗嘱权的主要价值似乎是在于它能够

---

① ［德］迪特尔·梅迪库斯著，邵建东译：《德国民法总论》，法律出版社 2000 年版，第 142 页。
② 参见［美］格兰特·吉尔莫著，曹士兵、姚建宗、吴巍译：《契约的死亡》，中国法制出版社 2005 年版，第 75－116 页。
③ 如各国继承法皆对欺诈、胁迫、伪造变造遗嘱等行为规定为无效，从反面来保证自由的畅通。

帮助一个'家族'作好预备，并在分配继承财产中能比较按照'无遗嘱继承法'分配得更加公平不偏。"① 可以说公平在遗嘱继承制度中与遗嘱本身一样悠久。前文所述"帝王"地位的遗嘱自由却恰恰在某种程度上晚于公平在继承制度中的确立。根据古罗马人的风俗与习惯，无遗嘱死亡乃一种深重的天谴，是一种比任何诅咒更残酷的惩罚。② 所以罗马人与其说是基于自由而立遗嘱，毋宁说是由于朴素公平感的驱使。公平成为遗嘱自由的藩篱大概伴随着封建制度的巩固而产生。遗嘱作为一种不公平的财产转移方式直到中世纪后半期才出现。到那时为止，遗嘱原初意义上的作为维护公平之手段，在经济社会发展后彼此置换，遗嘱自由成了"主"，公平成了"客"，常用来规制自由浮滥之情势。自从"遗命"舍本逐末蜕化为造成不公平的主要手段后，罗马人方对之进行规制。尤其是在查士丁尼时期，创设"遗嘱违背道义之诉"与"继承补充之诉"赋予利害关系人补救利器。公平不单从历史的沿革中确立了对自由的规制内涵，更在哲学家们的理性中彰显了对人类文明的贡献。崇尚人自身的价值与自由的康德即指出："如果公正与正义沉沦，那么人类就再也不值得在这个世界生活了。"③ 基督教神学体系的创建者奥古斯丁指出："国家一旦失去正义，将沦为巨大的匪帮。"④ 先哲的思想潜移默化般嵌入了立法的实践中，可谓由来已久。以我国立法为例，总纲性质的原《民法通则》即直接肯认公平原则（第四条）；原《继承法》设计的特留份制度（第十九条）、胎儿预留份制度（第二十八条），关于债务清偿顺位的制度（第三十三条）等皆有公平在背后支撑，而这些制度被《民法典》全盘继受。

---

① ［英］梅因著，沈景一译：《古代法》，商务印书馆 2011 年版，第 142 页。
② ［英］梅因著，沈景一译：《古代法》，商务印书馆 2011 年版，第 143 页。
③ ［德］康德著，沈叔平译，林荣远校：《法的形而上学原理——权利的科学》，商务印书馆 1991 年版，第 165 页。
④ ［古罗马］圣·奥勒利乌斯·奥古斯丁著，庄陶、陈维振译：《上帝之城》，复旦大学出版社 2011 年版，第 46－47 页。

三、追求效率的客观需求

中国传统法学一直不重视甚至拒绝将效率纳入法律的价值范畴之中，因为我们习惯于将公平、正义和其他教条原则视为参考坐标，当效率、成本、价格、均衡等概念如特洛伊木马里的雄兵一样涌入法律的城堡时，一时无法"无缝隙"接受。但是追求效率的价值并非英美法系国家的专利，大陆法系国家何独不然！诚如美国学者 Geoffrey P. Miller 所言：法律经济分析的焦点虽然集中于英美法系法律规则，但它的成果只要作适当修改，同样可以适用于大陆法系和其他诉讼体制。①其实从各国继承法之内容亦可看出效率的投射并不比自由、公平（正义）等价值逊色多少。兹举几例以明之，仅就其遗产分割期限规制而言，在探究《法国民法典》（第 815 条第 2 项）、《德国民法典》（第 2044 条第 2 项）、《日本民法典》（第 908 条）、《瑞士民法典》（第 605 条）等规定背后的理念时，无不可以落脚于效率。作为大陆法系学徒的我国，始于清季，长成于民国时期的民法典亦对此做出了安排（第 1165 条第 2 项）。我国原《继承法》亦不例外，如规定承包关系可以继承（第四条），虽然很难推知立法者出此设计是否有效率之衡酌，但确实降低了再次签订承包协议的成本却毋庸置疑；关于继承权纠纷诉讼时效之规定（第八条）更是明白无误地宣告了对效率价值的追求；此外还有继承与遗赠之接受和放弃期间经过之推定（第二十五条）、遗产分割规则与方法需有利于生产不损害效用（第二十九条）等无不彰显效率的身影。制定于经济社会体制从否认经济规律与效率的计划模式转轨为以市场作为资源分配主要方式的改革开放初期的继承法，尚且不能无视效率价值之于继承制度的作用，更遑论已取得巨大经济成就的现在对效率的追寻。效率意识也是我国民法典制定中各类制度建构的重要标准，作为财产转移主要方式之一的继承制度，效率价值的

---

①　转引自吴杰：《民事诉讼机制改革与完善的法律经济分析》，《政治与法律》2000 年第 2 期，第26 页。

分量将加码之趋势应该说少有置喙之余地。①

四、构建秩序的内在预设

常言道：无规矩不成方圆。任何社会规范——无论是宗教的、习俗的，还是技术的——都是给人提供一种行为指引。告诉人们应该做什么（命令性或强制性规范）、不应该/不能做什么（禁止性规范）、可以做什么（选择性规范）。最终的目的是建立一套社会秩序，使人们远离霍布斯在《利维坦》中所假设的狼群社会②。诚如奥古斯丁所言："秩序就是有差异的各个部分得到最恰当的安排，每一部分都安置在最合适的地方。"③ 法律规范作为文明社会最重要的关系调整工具，立法者自然不会错过设计秩序的法律装置，毋宁说这是立法者衡酌的首要选择。法律之所以在众多的规范竞技中脱颖而出成为文明社会的主要行为法则，最重要的原因之一即在于它的可预测性，使人们能对自己的生活做出安排并能根据对行为后果的预判做出行为选择。诚如博登海默指出的："（秩序）意指在自然进程和社会进程中都存在着某种程度的一致性、连续性和确定性。"④ 从历史之沿革观之，遗嘱继承所承载的秩序负荷相较于其他法域更显厚重。甚至可以说是继承制度之灵魂。古代无论东方西方，遗嘱制度之产生与其说是财产转移之客观需求，毋宁说是社会对秩序的渴望。这一点可以在继承制度浓厚的身份

---

① 关于此，从学者曾提出的《继承法草案》中可略窥一斑，如"杨立新、杨震草案""梁慧星草案""张玉敏、陈苇草案"从内容来看，都增加了对效率的衡酌。

② 自然状态在霍布斯的理念中与洛克在《政府论》中所描绘的"黄金时期"截然相反。他从人的本性、目的和动机出发，认为人是自利的与欲望贪婪的，在"自我保存"的压力下，人与人的关系是狼与狼的关系，相互仇敌，是一个永无止息的战争状态。参见谷春德、史彤彪：《西方法律思想史》，中国人民大学出版社 2006 年版，第 140 页。

③ ［古罗马］圣·奥勒利乌斯·奥古斯丁著，庄陶、陈维振译：《上帝之城》，复旦大学出版社 2011 年版，第 198 页。

④ ［美］E. 博登海默著，邓正来译：《法理学：法律哲学与法律方法》，中国政法大学出版社 2004 年版，第 227 - 228 页。

色彩中得到佐证。古罗马继承中的重要"家父制度"、中国历代的嫡长子继承制度无不是为维护社会稳定而量身定做。伯尔曼即一针见血地指出,遗嘱之首要目的并非在于让个人在死后实现他们的意志而是保护社会单位。① 资产阶级革命之后,各国相继在罗马法的苗床上确立了现代的继承制度,从这些具体规定中,不难发现继承制度对秩序不遗余力的追寻。如《法国民法典》严格限定生前赠予与死后遗赠份额之规定(第 913 条);《德国民法典》关于特留份继承人应继份之规定(第 536 条)等,不胜枚举。我国现制更是关注遗产养老育幼之功能,对"双无"人员、老人等之照顾(原《继承法》第十三条、第十四条、第十九条),对继承顺位之预先安排(原《继承法》第十条),对无人继承财产之安排(原《继承法》第三十二条)等制度无不蕴藏着秩序。西哲孟德斯鸠在巨著《论法的精神》中更是径直将法之精神界定为秩序。

五、小结

从宏观视角而言,价值位阶即自由 > 正义 > 秩序具有不容置疑之刚性,但是僵化的位阶似乎难以响应日趋复杂与多元的社会却也是一个不争的事实。如果固执坚守序列的刚性而对纷繁复杂的社会生活熟视无睹,那么可能会适得其反,导致几个冲突价值之间的双向失落。自由、正义、秩序与效率无疑都是继承制度设立的固有蕴含,四者无涉之状态,皆恰如其分的实现当然是理想之景象。但经验和理性告诉我们:价值的悖论伴随着人类文明的始终,在彼此的碰撞中汲取养分而发展。既然武断切割不足取,那么将此一重任赋予司法官的个案衡平似乎更加可行。此一安排无疑丢给了法律人一个"要约",即如何探究一系列衡平的技术来防免司法官的恣意,笔者以为,经济分析的节制介入或许是一条可取之径,而且这与其说是理论假设,不如说已实践笃行。②

---

① 参见[美]哈罗德·J. 伯尔曼著,贺卫方等译:《法律与革命——西方法律传统的形成》,中国大百科全书出版社 1993 年版,第 286 页。

② 司法官作为一个理性人,形成自由心证的过程中会不可避免地加入效率因素的衡酌。

第二节　经济分析基本理论的扼要引介

价值乃规范的德性基础，甚至可以称为规范大厦的栋梁；同时它亦是悬于规范之上的达摩克利斯之剑，价值的碰撞即诸剑相屠，司法实践即是在这"刀光剑影"中寻求的中道之策。是故，为尽可能地减少"剑斗"，需要给各个价值事先装置激活的秩序按钮。经济分析或可为秩序预设提供一个新的思考角度。[①]

一、科斯二律的引介分析

科斯对经济学的拨乱反正，意外地为法学提供了新的视角。[②] 科斯二律从提出之日起，一直是法律的经济分析的理论前提，正如波斯纳所说的：科斯定理是其《法律的经济分析》的轴心。[③] 以下简要介绍科斯二律，为后面的实证研议提供理论基础。

科斯第一定律：如果交易成本为零，不管怎样选择法律规则、配置权利，有效率（福利经济学上称为社会利益这一个体效用函数）的结果都会出现。换句话说，当交易成本为零，并且是个人合作行动时，法律权利的任何分配都是有效用的。科斯第二定律（又称为科斯反定律）：如果存在实现交易的成本，有效率的结果就不可能在每个法律规则、每种权利配置下发生。换言之，在交易成本为正的情况下，不同的权利界定和分配，则会带来不同效率的配置。科斯还指出，不同权

---

① 此处所指的新的思考角度主要是为了区别于传统的法律语义学研究方法，通过哲学的思辨所确立的价值序列，即通说认为的自由＞正义＞效率，笔者尝试在肯认司法官作为一个理性的裁决者，在形成自由心证过程中不可避免地运用效率的或经济分析的方法（无论其有无意识到）的前提下，为这一寻求效率的倾向提供一个可操作框架以使法官的裁量不至流于恣意而挑战法律的安定本性。

② 简资修：《科斯经济学的法学意义》，《中外法学》2012 年第 1 期，第 190 页。

③ 参见 Posner Richard, *Economic Analysis of Law*, Little, Brown and Company, 1977, p. 17.

利义务之配置会产生不一样的外部效应，即对他人、公益之侵害，而外部效用是相互的，也即其总会存在。经济的分析就成了如何实现外部效用的最优解。福利经济学更是往前推进一步，将社会利益（个体效用函数）的实现作为总的外部效用解决优劣的评判标准。

二、经济分析的定式误读

实际上，从科斯以经济学"叩开"法律的大门，并以全新的方法来分析法律问题以来，经济分析因其财富最大化的价值定位而广为法学家诟病，但是从经济分析的视角，尤其是福利经济学理论从未拒斥将其他诸如道德、公正、自由、秩序等理念包括在经济与法律规则的分析中。纵使是"经济分析帝国主义"的翘楚波斯纳本人亦未对"效率独尊"固执己见。① 在经济分析的框架下，效率作为此方法的一大法宝，著述充栋，兹不赘述，但其他价值理念融入法律的规范分析之事实却长期被主流法学家忽视，这也正是误读之源。其实效率之外的基本价值理念介入法律的经济分析中，与其说是偶然，毋宁说是无法回避的必然。第一，个体对于不同价值的实现具有偏好，俗语云：人心不同，各如其面。而且这种偏好因时因地皆可能发生细微变化，所以个体的道德观念诚如普罗透斯的面孔变化无常。例如，遗嘱人得自由处分自己之财产或遗赠之人的身份将决定遗嘱人自由的实现程度。由此观之，每个人都有一定的内心确性与偏好，一旦偏好实现，无疑会增进社会福利（个体效用）。是故，无论立法者对法律规则的选取，还是司法官对法律规则的适用，都无疑会受到固有价值观的浸透。第二，个体在这种内心确性或偏好驱动下之行为，目的往往指向个体效

① 波斯纳在早期的法律的经济分析研究中无疑是"财富最大化"的忠实拥趸，参见 Richard Posner, Utilitarianism, Economics, and Legal Theory, *Journal of Legal Studies*, Vol. 8, No. 1, 1979, pp. 103 - 140. 但是随着研究的深入，他重新审视其他目标和价值，承认它们的存在及重要地位，参见 Richard Posner, *The Problematics of Moral and Legal Theory*, Belknap Press of Harvard University Press, 1999, pp. 91 - 144.

用（福利）的提高。例如，对遗嘱自由的信仰会在自由的外部效应得不到及时矫正的情况下促使人们遵守遗嘱自由的规制与社会伦理。所以，法律意识的提高不但会简化立法者决策的负担，同时会降低法律产出的时间与成本，法律自身所推崇或引导的价值偏好也会在潜移默化中推广到社会中，个体偏好趋同，司法活动增进社会福利的成本就越低。个体效用的实现自然也更可能达到最大值。第三，批判法律经济分析的法学圈有一个根深蒂固的"假想敌"，即法律的经济分析所钟情的效率是将财富的最大化作为一般的规范性目标。[1] 如果将社会福利理解为个体效用的函数，则不难得出经济分析追求的效率或财富最大化其实并非仅仅指物质性内容，狭义的效率理解本身无法与法律的经济分析目标——追求社会效用最大值——武断地画上等号。而且财富本身也缺乏一个价格体系来衡量其大小，因此效率即追求财富最大化的误读在逻辑上就无法自洽。法律的经济分析从传统的规范经济学发展到现在的福利经济学，已经使法律学者的批判面临无的放矢的风险。本书也正是从社会利益（个体效用函数）的视角来理解效率原则，所以那种建立在传统规范经济学概念认识基础上，来批判效率不正当、不道德的论调在这个层面的合理性至少可以说有不恰当之处。[2]

三、经济分析的基本范式

根据科斯定理，法律在现代市场交易过程中能够对商品的交换亦即资源的配置发挥重要作用，所有法律对市场的介入会影响到作为资源配置市场功能重要内容之一的价格功能的发挥。[3] 法律的经济分析的前提假设就是一个法律市场的存在，因此供给—需求和成本—收益这

---

[1] 参见［美］斯蒂文·沙维尔著，赵海怡、史册、宁静波译：《法律经济分析的基础理论》，中国人民公安大学出版社 2013 年版，第 576 页。

[2] 具体批判详情参见 Ronald M. Dworkin, Is Wealth a Value? *Journal of Legal Studies*, Vol. 9, No. 2, 1980, pp. 191 – 226；Anthony T. Kronman, Wealth Maximization as a Normative Principle, *Journal of Legal Studies*, Vol. 9, No. 2, 1980, pp. 227 – 242.

[3] 钱弘道：《法律的经济分析工具》，《法学研究》2004 年第 4 期，第 137 页。

一分析微观经济学的重要工具也就理所当然地成为解剖法律的利器。诚如萨缪尔森与诺德豪斯所说："供给与需求分析是经济学所提供的最有用的工具之一。它和瑞士军刀一样几乎可以完成任何简单的任务。"[①]

（一）法律的供给与需求

市场经济作为法治经济，政府供给的法律乃市场运行的前提和基础，供给法律的饱和程度与质量直接决定了经济的发展水平。法律如果供不应求，人们的行权成本就会提高，甚至依靠法律以外的力量来维护自己的权利。例如，我国原《继承法》第十六条第三款规定："公民可以立遗嘱将个人财产赠给国家、集体或者法定继承人以外的人。"据此，遗嘱人可以任意处分自己的遗产。但是自由的享有源于对自由的限制，如果自由是为所欲为，那么真正的自由将荡然无存。现制对自由的限制的设计明显不足，这无疑是法律供不应求的典型反映，可以不讳地说乃立法者无意间给继承法预设的一个"黑匣子"。实务中有关遗嘱的大量纠纷即因供应不足所致。市场主体的逐利本性乃法律需求上涨的内在动力，即如果现制无法使社会利益（个体效用函数）达到最大化，那么通过法律改变资源的配置方式使社会资源达到帕累托最优状态的要求便应运而生。这也可以说明在我国现制下，司法解释的条文往往盖过法律条文以平衡法律的供给与需求矛盾的现象。[②]

（二）法律的成本与收益

根据市场的基本规律，价格乃供求关系的外在表现，而价格由成本来决定，换言之，成本才是供需曲线背后的命门。而要定量化地理解效率的形成，成本—收益之分析乃不二之选。根据经济分析理论，法律成本即法律运作过程中所耗费的代价总和。法律制度的生产、实施、矫正无一不是以有限资源的利用为依托。以继承法为例，首先，立法、执法的过程将耗费一定人力、物力、财力。如立法人员研议费用、调研费用等。执法部门还设立公证机关对遗嘱进行公证（原《继

---

① ［美］保罗 A. 萨缪尔森、威廉 D. 诺德豪斯著，高鸿业等译：《经济学》（下），中国发展出版社 1992 年版，第 635 页。

② 例如我国原《继承法》共三十七条，然而司法解释却高达六十四条，最高人民法院以批复之形式对地方法院有关继承案的审理指导更是不计其数。

承法》第十七条）。其次，一旦权利被侵害，司法救济的过程又将产生不低的成本。如，法庭的设立，从起诉、调查到审判、执行往往需要经历一个漫长的过程，少则几月，长则经年。最后，司法救济过程中的勘验费、差旅费、公告费等无一不是成本的构成。正是由于资源的稀缺性，是故，法律制度的构建不得不衡酌效率的因素，诉讼中的审限规定即是这一原则的体现。具体到继承法中的遗嘱继承，有关继承人和受遗赠人接受与否表示的两个月时间限定（原《继承法》第二十五条）即是对节约成本的响应。法律收益即法律通过理性的分配权利、义务，明确责任，并及时实施对义务违反的救济，实现有限社会资源的最优配置，在此基础上，最大限度实现社会利益（个体效用函数）。① 法律收益的表现除了收入的增加、就业机会的增多、生产利润的上涨等经济收益外，更重要却经常被忽视的是政治收益、社会收益、伦理收益等，这也正是遗嘱继承制度的价值博弈中，经济分析能涉足的原因所在。否则对惯于定性而难以定量的价值做经济的分析无疑形同大厦建于流沙之上。

四、小结

民法不是一个自给自足的"小农型"独立王国②，效率价值又在某种程度上具有普世性趋向，从而司法官在裁决时很难回避效率的衡酌。科斯之前的世代法学与经济学也许风马牛不相及，但在此之后，法学与经济学都"拒绝真空"，"经济学帝国主义者"大举涌入法学，

---

① 参见 Richard Posner, *Economics of Justice*, Harvard University Press, 1983, p. 71.

② 虽然《德国民法典》的助产者们试图尽理性的力量建立一套密不透风、包罗万象的逻辑体系以垂范后世，但是经济社会实践，尤其科技的发展、交易的复杂化使这一自信的尝试成了徒劳。仅以财产法体系而论，之前的物债二分就受到债权物权化（租赁权）与物权债权化（抵押权）不小的冲击，网络虚拟财产、知识产权等远超过法学家们想象力与语言涵摄能力的极致，新型财产权的出现更是对财产法体系带来巨大挑战。最新的《荷兰民法典》即以"财益（goed）"作为传统的"物"与"权利"的上位概念，全面引进可特定性及可交易的务实理念。随着社会的发展，毫无疑问会有更多的新兴事物适时地涌进民法，将民法打造成独立王国的梦想只能是奢望。

而法学家们也苦于语义学研究的单薄而借助经济分析的说服力。然而，民法作为一门孜孜不倦于探讨对等正义且已发展出完整的概念体系之科学，如何适当地纳入主导经济学领域本质上属于分配正义的效率规范，而不消损民法固有的稳定社会秩序的功能，恐怕还得费些思量。

第三节　经济分析范式在实务中的操作

通说认为：价值位阶的排序应该是自由 > 正义 > 秩序。至于效率，并未出现在基本价值的维度内而进入大多数法学家与哲学家的法眼。虽说这一排序无论从逻辑上还是从历史论证上都不乏拥趸，但是如果放在现代社会利益主体、价值目标多元化的今天，将这一位阶作为"放之四海而皆准，俟诸百世而不厌"的教条，已经超越了价值基本序列所能扮演的角色。诚如拉德布鲁赫指出的："不同时期的价值取向必然会有不同和偏重，因为此一时，彼一时，人们的关注点不会始终如一。"① 不同时期的生活方式、制度环境和文化传统等因素孕育了各时代的价值观。而法律的价值内涵与评价标准顺时调变实乃社会变迁在法律制度上的投影。如中国古代继承制度中"男尊女卑"、婚姻制度中"父母之命，媒妁之言"被社会普遍接受而被认为天经地义，现在则被斥为糟粕，现制即规定男女平等（原《继承法》第九条），婚姻自由（原《婚姻法》第三条）。价值观的时代性再加上个人偏好的非逻辑性，决定了价值冲突与取舍的预设方案很难找到一劳永逸之计。教条主义为人诟病，经验主义亦不足为训。面对此困境，相较于立法修正的滞后性与僵化（尤其是成文法国家），不妨试着让司法官扛起更多的责任。

一、案情介绍与裁判概要

"泸州遗赠案"中，黄某某临终前立下遗嘱，将财产全部遗赠给情人而剥夺发妻的遗产继承权，因其妻实际控制财产，故情人起诉至法

---

① 参见米健：《法以载道——比较法与民商法文汇》，商务印书馆2006年版，第137页。

院主张继承。但泸州中院终审判决认为黄某某之遗嘱违背了《民法通则》第七条规定的"公序良俗"原则，认定遗嘱无效，驳回原告诉讼请求。[1] 该案发生后引起了法学界的广泛讨论，但是大都从传统民法研究方法——语义学方法——分析原则之间的冲突以及批判实务的漏洞百出，少有从经济分析的视角探寻价值冲突的解决之道，此种抽象原则的论争除了法学家们夫子自道式的各说各话外，究竟有多少可以落实到对一般人的说服力上，仍殊值商榷。[2]

二、法理分析与规则适用

"泸州遗赠案"显然反映了遗嘱继承实务中最为常见的价值博弈类型，即自由与秩序间的紧张关系。[3] 但是从适用法律的推理方法而论，黄某某之遗赠显属有效。三段论的推理技术强调逻辑的一致性，往往与价值无涉。但是，法律所预设的秩序不但强调外在形式，更侧重"精神的纯洁"。正如古罗马法谚所云：实施了法律禁止的事情就违反

---

[1] 　四川省泸州市纳溪区人民法院（2001）纳溪民初字第 561 号民事判决书；泸州市中级人民法院（2001）泸民一终字第 621 号民事判决书。

[2] 　萧瀚：《被架空的继承法——张××诉蒋伦芳继承案的程序与实体评述》，载易继明主编：《私法》（总第 3 卷），北京大学出版社 2002 年版，第 300－313 页；范愉：《泸州遗赠案评析——一个法社会学的分析》，《判例研究》2002 年第 2 期；许明月、曹明睿：《泸州遗赠案的另一种解读——兼与范愉先生商榷》，载《判例研究》2002 年第 2 期。时过境迁，社会对该案的热情随着时间的推移退去后，惯于理性分析的学者以一种超然的姿态从法理的角度对该案及争论做了进一步反思。如，林来梵、张卓明：《论法律原则的司法适用——从规范性法学方法论角度的一个分析》，《中国法学》2006 年第 2 期，第122－132 页；郑永流：《道德立场与法律技术——中德情妇遗嘱案的比较和评析》，《中国法学》2008 年第 4 期，第 179－189 页；"蓟门学园"于 2006 年 12 月举办了关于该案的研讨会，各与会学者都进行了有见地的论述与发言，详情请参见郑永流主编：《法哲学与法社会学论丛》（总第 11 期），北京大学出版社 2007 年版，第 241－302 页；何海波：《何以合法？——对"二奶继承案"的追问》，《中外法学》2009 年第 3 期，第 438－456 页。

[3] 　需要指出的是目的价值的冲突尤以自由与秩序、公正与效率的博弈最为突出，遗嘱继承领域亦不例外。本书兹以经济分析的方法就自由与秩序的案例做一实证研议，该研议模式可以类推适用与其他价值冲突之情形，或可成为其他价值冲突处理中可参酌的普遍方法。

法律，相反，如果遵守法律的语言但是违背法律的精神，那就是欺诈法律。① 遗赠是以被继承人以遗嘱之方式实现财产的转移，从个体效用的角度来看，这是个体使用财产的一种方式。现制下，被继承人自由订立遗嘱私人成本相当之低，但是外部效应却不菲，特别是损害到公共利益，这也导致了法律成本的上扬。

现在，我们不妨从遗赠发生的原因探究中来"估价"遗赠的法律收益。如果遗赠是有利于增加而不是减少法律总收益，那么很难武断阻却一个人意志的实现。第一，行为人可以通过遗赠实现对他人行为的控制。这种控制有时甚至多数情况也会带来个体效用的提高。比如，以继承人对其的关爱、照顾程度决定给予遗产与否及多少之标准，诚如卢梭所说："他（指父亲）可以根据每个子女是否经常遵从他的意志克尽孝道来决定每个人所应继承的部分。"② 这样的安排既能使行为人的个体效用最大化，同时也能使他人（如子女）的伦理与法律义务得到履行，总体的法律利益自然也就得到提高。第二，受赠人的不确定性。遗赠往往基于一种利他主义的衡酌，受赠者往往处于潜在状态。行为人做出选择前可能受到受赠人人品、社会情势等因素之影响，而这些的发现需要时间而且瞬息万变。例如，黄某某在临终前才知道一直陪伴在身边照顾自己不离不弃的不是妻子而是情人。时间经过，人品显现，做出决断才最符合本意，个体效用才能最大化实现。第三，遗赠的外部效应主要体现在对继承人的损害上。如果配偶或其他继承人可以获得社会福利，此时就算减少甚至不给继承份额，也并非无所依靠，以规定应继份的方式限制遗嘱处分的社会效用会随着社会福利体系的完善而边际收益递减。泸州遗赠案中，黄某某以遗嘱的方式处分自己的财产。首先，黄某某并非以通奸为目的来以遗赠之方式给予第三人奖励；其次，通过长期的观察已经日渐确立了特定的受赠人；最后，遗赠情人或情人以外的第三人，均没有损害到妻子固有之财产，

① 罗马法原始文献 Digesta D. 6. 1. 3. 29，转引自费安玲主编：《学说汇纂》第 3 卷，知识产权出版社 2011 年版，第 227 页。

② ［法］卢梭：《论人类不平等的起源》，商务印书馆 1997 年版，第 134 页。

即外部效用之有无存疑。那么一个既利于他人，同时并未造成其他人真正损失的行为完全符合科斯所指的资源最优配置方案。所以此时，应该坚守遗嘱自由之价值而将所谓的"公序良俗"雪藏。

三、经济分析止争之程式

司法作为维护社会的最后一道屏障，在启动成本昂贵的诉讼程序之前，人们都会在一番成本与收益的理性衡量后决定选择可替代性解决方案。在这样的决断中，法律意识、社会环境、个人偏好等都是决定法律成本选择的影响因素。本节即先探讨各种因素作用下协商的可能，然后推出协商破裂后法律的介入。

（一）协商可能

协商需要付出成本，如果行为人估计成本大于收益，一般情况下，协商会难产。但是如果结果反之则互惠协议有可能达成。协商成功就可以增加双方的总效用。因为如果方案可以增加双方个体效用，就相当于双方分配的蛋糕实现了最大值，那么在这一前提下的分配方案，总能找到一个最优解，即帕累托最优状态的实现。从而比之前那块小蛋糕上所分得之份额要多。[1] 例如，"泸州遗赠案"根据继承的规定，黄某某可以以遗嘱处分自己之财产，而且他并未有保持通奸关系之现实后果，因为人已去世，那么此种处分之真实外部效应很低（诚如理

---

[1]　用代数方法表示如下：用 x_1 与 y_1 分别指代初始情况下外部效应制造者和承受者的效用水平，x_2 与 y_2 指代效用总额增大的第二种情况下双方当事人各自的效用水平，那么 $x_2 + y_2 > x_1 + y_1$。然而，假定，如果没有新协议，外部效用制造者在初始情况下的收益比在第二种情况下好，换句话说 $x_1 > x_2$（否则，外部效应的制造者就已经实施改变了，而我们的假定是这种改变还没有实现），那么一个互惠协议就可以清晰地构架起来：如果外部效应制造者因实施改变可以得到的补偿至少是 $x_1 - x_2$，那他就会愿意签协议。另一方当事人在第二种情况下多得到了 $y_2 - y_1$，这就超过了 $x_1 - x_2$（因为 $x_2 + y_2 > x_1 + y_1$），因此他将愿意给制造者足够的赔付以诱导制造者同意实施这种改变。参见 ［美］萨维尔著，赵海怡、史册、宁静波译：《法律经济分析的基础理论》，中国人民公安大学出版社 2013 年版，第 76 页。

论分析部分的探讨）。但是法律的意思与社会环境也可以是法律成本的影响因素，因情妇身份，在普遍的压力下，公序良俗还是被搬上台面。此时，原初状态黄妻有期待利益之损失，严格依据法律适用法理，她并无遗产之享有权（德国即如此认定）。而受赠人追诉需要付出成本，甚至个人偏好之满足也受社会反响而拉低，而且在法治不彰，维权成本高昂的环境中，还承担着一无所有的风险。一旦黄妻做出改变，以自己曾经的期待权、社会舆论和所占有之法理上有效遗赠之财产为筹码与受赠人协商，那么受赠人不大可能冒着一无所有的风险与诉讼成本而去拼抢全部遗赠，而黄妻也可以此协议实现期待权的部分满足。这完全符合科斯第一定律，即无其他因素阻止双方协议之达成，那么互惠的协议就会出现，交易的成本（此处为财产使用即遗赠的成本）也控制在最低。

（二）法律介入

虽然互惠基础上的协商成功存在理论上的可能性，但是它受到太多因素的干扰，尤其是在伦理色彩甚浓而法律意识有待发展之环境，协商更显艰难。此时为纠正外部效应，法律的介入已成众望所归。以遗嘱为例，行为人以遗赠的方式使用自己之财产，依据科斯定理，如果此种使用不存在任何社会成本，那么行为人之任意处置皆会实现帕累托最优状态（科斯第一定律）。然而，现制下遗嘱往往成为制造外部效应的渊薮。因此找到如何在科斯第二定律肯认的前提下实现纠纷解决的最优解便摆在了司法官面前。国家的选择主要有三种：第一，禁止使用，这是国家介入的一种极端样态，直接彻底禁止以遗嘱之方式使用财产。原因在于人们认为这会架空公序良俗，如"泸州遗赠案"一般。但是这样介入的缺陷也是昭然若揭，也许某些合情合理而又能很好实现被继承人意志的遗嘱也被彻底禁绝，毕竟遗嘱作为重大的财产转移方式已历史悠久。[1] 世界各国也鲜有直接废弃遗嘱继承这一制度

---

① 据统计，美国人财富总量的至少 30% 都是通过遗赠取得。参见 William G. Gale and John Karl Scholz, Intergenerational Transfers and the Accumulation of Wealth, *Journal of Economics Perspectives*, Vol. 8, No. 4, 1994, pp. 145 – 160.

者，更何况禁止本身与民法意思自治的根本理念相悖。第二，对接受者类型进行限制。既然以极端的方式介入不足取，那么法律直接规定只有特定的人才可以接受遗赠则相对软化些。如我国原《继承法》规定，公民可以立遗嘱将个人财产指定由法定继承人的一人或数人继承（原《继承法》第十六条第二款）。第三，约束个体对使用实施限制。个体可能对使用财产进行限制，而且这一限制可能会产生外部效应，增加社会成本。比如，行为人明确将财产遗赠给法定继承人以外的第三人以便能维持不正当的性关系。再如，禁止受遗赠者将财产给特定信仰之人使用等。第一种方式太武断，可能导致弊大于利的后果；第二种方式也有违背私法自治之嫌，成本太高。所以第三种防免外部效应的方法更能促进法律收益的增加。从文本的分析来看，我国继承法采用的是第三种方法。所以黄某某遗赠之行为如果并未违反国家约束之禁令，即未违反对家人的最低义务要求，也非继续保持通奸关系，也无对情人热情进行奖励，其社会成本可以说极低，也即带来的外部效应在最低限度内，以无效宣告而一刀切式地应用于所有类似遗赠情形只会是对法律市场规律的违背，本质上也不容于法理。德国判例即对违反道德目的之遗赠进行了细化，[①] 可资借鉴。

本章小结

妄图通过立法一劳永逸地解决不同法价值的适用顺位，可能仅仅是立法者的一个浪漫幻想。笔者以为，面对纷繁复杂的社会图景以及日益多元的社会观念，一刀切式的法律适用方法未必适用于本身具有高度不确定性与模糊性的价值之争，纵使强行为之，实践和经验亦会宣告此举的徒劳。或许惯于抽象思维的立法者"慷慨"地将此一权力留给浸润于具体实务中的司法官为一个可行的路径，后者在具体的案

---

① 参见［德］卡尔·拉伦次著，王晓晔等译：《德国民法通论》，法律出版社2013 年版，第 614 - 616 页。

例当中通过衡平的艺术恰如其分地给不同价值之间的博弈做一务实裁决。学理与立法者要完成的任务是如何将法官的恣意控制在一定范围之内，为自由裁量设定必要的外围藩篱。而经济分析的量化思维或许为殊具直观化的可行尝试。如果将司法官的自由裁量权比作一匹脱缰之马，那么实务中日益增多的可比照适用之案例，无疑在旷野上筑起厚实而繁多的界墙。现在法律的经济分析已经成为有别于久经沉淀的传统释义学研究方法外最动态、最澎湃的水域。虽然仅仅是在表面看来可以定量分析的契约、侵权、犯罪等领域崭露头角，随着研究的深入，该方法进入传统思辨擅长的法价值范畴亦未可知，这还需要法律学人走完剩下的路。

第五章　路径鼎新：现制适用的方法论初探

要想改进，第一步就是要看看眼前的事实。①

——霍姆斯

任何人都不得损人而利己，此乃自然之公正。②

——《学说汇纂》

　　如果把整个司法系统比作一个社会，那么从高空鸟瞰，现今各法院，他们就好比"八帮七十二寨"，各有首领，占山为王，院墙外皆竖着"类似案件类似处理"的公平大纛，迎风招展。可是除了满脸急迫、汲汲于利益、戚戚于正义的匆忙律师，无奈而不安的当事人之外，还有一些奇装异服的神秘人士与少许"神龙见首不见尾"的"幽灵舆论"穿梭于山寨之间，他们行色匆匆，低头疾走，貌似有所求之态，又一副"不足为外人道也"的诡秘神色。两造双方正如中世纪欧洲古堡里常伴黄卷青灯的僧侣激烈地争论着，为自己的点滴权益，使法律为丈八蛇矛，以正义为饕餮面具，唾星四溅。然而在其试图再拿下一城时，殊不知，案件的结局已经在神秘人士的诡笑与"幽灵舆论"的喧嚣中落幕。2000 年杭州遗赠案与 2001 年泸州遗赠案结局的巨大反差便是这幕悲喜剧的最好注脚。

---

① "Law and Social Reform", in *The Mind and Faith of Justice Holmes: His Speeches, Essays, Letters and Judicial Opinions*, ed. by Max Lerner, The Modern Library, 1943, p. 401.

② 罗马法原始文献 Digesta D. 12, 6, 14. 费安玲主编：《学说汇纂》（第四卷），元照出版有限公司 2012 年版，第 379 页。

面对我国遗嘱继承现制中的阙如，不论是响应大陆法系的呼唤，还是倾心英美法系的招手，都需要对自身的"体质"做一番省察。所以本章先对现制做一番检视，由此可知司法实践中遗嘱纠纷之处理不尽如人意的症结可能不在于"法律规范的饥渴"①，而在于司法官在"群情激奋"下，缺乏对规则最低限度的敬畏，对司法推理的技术更是付诸阙如。诚如前文已引述过的王伯琦先生所言：我们现阶段的执法者，不论其是司法官或行政官，不患其不能自由，唯恐其不知科学，不患其拘泥逻辑，唯恐其没有概念。②

笔者在检讨遗嘱自由司法适用之案例时发现，这一病症尤其是在启动"公序良俗"这一管制门闸时，昭然若揭。私法自治与公序良俗短兵相接之后，本书第三章试图从民法体系功能的角度，参考经济分析法学的最新发展成果，从理念上为最终的取舍提供一个可能的备选方案。然而，绪论中所供分析之案例，与其说是民法原则的颉颃，不如说是民众的朴素法感与立法者的理性衡酌之间的落差。杭州遗赠案从实证的视角而言，可以说体现的是"假冲突"③，然而，倘从自然法

① 学界对于我国原《继承法》最大之争议，同时探讨的最多的一点即遗嘱太自由，既无特留份之规定，又无必继份之衡酌，使被继承人肆意侵犯"道德规范"之情形不绝于耳。所以，在学者提出的诸多"继承法草案"中皆不约而同地对遗嘱自由之限制予以补强。批判现制与建构新制的著作，汗牛充栋，兹不赘列。"草案"之具体建议请参见梁慧星主编：《中国民法典草案建议稿》，法律出版社 2003 年版。王利明主编：《中国民法典学者建议稿》，法律出版社 2005 年版。徐国栋主编：《绿色民法典草案》，社会科学文献出版社 2004 年版。张玉敏主编：《中国继承法立法建议稿及立法理由》，人民出版社 2006 年版。另外还有郭明瑞、房绍坤、关涛：《继承法研究》，中国人民大学出版社 2003 年版。

② 王伯琦主编：《近代法律思潮与中国固有文化》，清华大学出版社 2005 年版，第 168 页。

③ 所谓假冲突，即意思自治与公序良俗其实并没有发生真正的碰撞，因为如果根据原《继承法》之规定，理论上遗嘱人可以将自己一切之财产在不损害第三方利益之前提下做任意处分，这是民法所捍卫的私法自治之要义。从实证分析的角度，规则不折不扣地执行乃理念最和谐之状态。至于因法律之漏洞或法律意识的滞后而致适用的结果与民众的朴素法感刺谬，那是另一个层面的问题。解决之道有二：①修正规则，以弥补法律漏洞；②致力于提高民众法律素质与社会对法的遵守共识，使适法性判决尽可能缩小与民众意志之分歧。二者都需要漫长的过程。是故，短期内，可以用"假冲突"来描述这一现象。

的视角，类似案件则为"真冲突"①。对于惯常运用法律推理的技术以及形式逻辑演绎之大陆法系法官，经济的分析虽然定量且实际，但要论及理念伦理之层面，则力有不逮。诚如有学者悲观道："虽然许多法律人身体力行地从事着不同裁判依据间的称重和衡量工作，但他们并不拥有关于如何权衡的精确理论。"② 这或可有助于理解为何实务中司法官"冒'一般法理'之大不韪"，舍弃规则而径直依原则裁夺的原因之一。此一鲁莽的尝试，引起了社会舆论与学界的激烈争论，虽说掌声收获不少，但喝倒彩之声亦响彻云霄。③ 显然，此一精义是不言自明的，"制定法的背后都存在着一定的伦理准则或者信条，它是观念形式的法律，不是文本或者其他有形态的法律。对法律规范的严格适用

---

① 所谓真冲突，即公序良俗与私法自治在个案中存在某种程度的紧张关系。如果从自然法的角度，个体权利之行使，当然不能对他人构成侵害或有侵害之虞，同时，社会秩序之维护亦是法体系社会功能的重要组成部分。是故，遗嘱必然要考虑家庭伦理与社会安定的因素，也即公共秩序与善良风俗。如果遗嘱行为未能兼顾二者，即可视为权利之滥用与对公序良俗之违背。此时司法官需要运用法律的适用技术决定处于紧张关系的原则之间如何调和，也即寻求"真冲突"的解决之道。

② Aleksander Peczenie, The Passion of Reason, in *The Law in Philosophical Perspective: My Philosophy of Law*, ed. by Luc J. Wintgens, Kluwer Academic Publishers, 1999, p. 179.

③ 关于"遗赠情人"系列案件的学理探讨详情参见萧瀚：《被架空的继承法——张××诉蒋伦芳继承案的程序与实体评述》，载易继明主编：《私法》（总第3卷），北京大学出版社2002年版，第300-313页；范愉：《泸州遗赠案评析——一个法社会学的分析》，《判例研究》2002年第2期；许明月、曹明睿：《泸州遗赠案的另一种解读——兼与范愉先生商榷》，《判例研究》2002年第2期。时过境迁，社会对该案的热情随着时间的推移退去后，关于理性分析的学者以一种俨然超然的姿态从法理的角度对该案及争论做了进一步反思。如，林来梵、张卓明：《论法律原则的司法适用》，《中国法学》2006年第2期，第122-132页；郑永流：《道德立场与法律技术——中德情妇遗赠案的比较和评析》，《中国法学》2008年第4期，第179-189页；"蓟门学园"于2006年12月举办了关于该案之研讨会，各与会学者都进行了有见地的论述与发言，详情请参见郑永流主编：《法哲学与法社会学论丛》（总第11期），北京大学出版社2007年版，第241-302页；何海波：《何以合法？——对"二奶继承案"的追问》，《中外法学》2009年第3期，第438-456页。

不应该导致违反道德规范的基本要求。法律不应该成为不受处罚地侵犯道德规则的工具"。① 但是，如果操作"法之适用"的技术缺陷导致侵犯道德规则的结果，而司法官以此精义为由，冻结规则，而求助于其享有巨大自由裁量权的原则，那么恣意的悲剧将使法律体系之稳定性面临崩塌的风险。作为"确定性命令"② 的规则，其法效果的可预测性很好地吻合了法体系的稳定结构，但无法及时回应层出不穷的经济社会生活，因此司法官需要偶尔就教于灵动的原则；然而，作为"最佳化命令"③ 的原则，其"内涵的模糊性与适用的不确定性"④ 往往稍有不慎就可能对法律体系的稳定性造成伤害。是故，规则失语而原则必要的情形，如何尽可能地规制司法官的自由裁量，使其主观臆断无用武之地成为困扰立法者与学界的难题，笔者经研究以为，引入阿列克西"原则碰撞与权衡"理论来解决这个困扰有序法律运行的问题，或可为另一种可行之尝试。⑤

第一节　限制遗嘱规范之概览

正如德国学者指出的："私法最重要的特点莫过于个人自治或其自

① ［法］雅克·盖斯旦著，谢汉琪等译：《法国民法总论》，法律出版社2004年版，第718页。
② Robert Alexy, *The Argument from Injustice*, trans. Bonnie Litschewski Paulson and Stanley L. Paulson, Clarendon Press, 2002, p. 70.
③ 转引自陈显武：《论法学上规则原则之区分——由非单调逻辑之观点出发》，《台大法学论丛》2005年第34卷第1期。
④ 务实的德国联邦法院对公序良俗原则适用的窘况吃得最深，以致其在判决中明确表示道："昨天尚是违背善良风俗的行为，在今天就不一定还是违背善良风俗的。"具体论述请参见徐国建：《德国民法总论》，经济科学出版社1993年版，第249页。
⑤ 当然有学者认为这样的尝试，最后只能证明是徒劳。因为他们认为：①原则之间无法权衡，作为不同价值的法表示形式并无优劣之判。参见 Joseph Raz, *The Morality of Freedom*, Clarendon Press, 1986, p. 328. ②原则之间无须权衡。参见［德］H. 科殷著，林荣远译：《法哲学》，华夏出版社2002年版，第94页。

我发展的权利。"① 私法的重要拼图——继承法——之设计自然要尽可能地诠释此一自治法性格。作为单方法律行为的遗嘱无疑承载着私法自治在继承领域的期许。但是，正如黑格尔所说，如果认为自由就是可以为所欲为，我们只能把这种看法认为是完全缺乏思想修养的，它对于什么是绝对自由的意志、什么是法、什么是伦理等都是毫无所知的。职是之故，为防免"为所欲为"之情形，各国立法与实践都不乏规制遗嘱自由滥用的成功范例。前文已有详述，故不赘言。一般而言，遗嘱自由之限制有广义与狭义之分。广义之限制指的是法律对遗嘱进行法律评价时，所运用的一系列制度设计。从形式要件到实质要件再到执行过程，无不渗透着"管制"的思维。遗嘱关系人制度、内容情理制度、形式要件制度等一起实现了对遗嘱自由的"全天候"监管。狭义之限制仅指对意思表示内容之限制，即从体系角度看，是否不悖于民法淳化风俗之价值目标；以及学界通说，各国实践的"特留份"制度。我国遗嘱立法当然不能自我流放于管制的大流之外。

一、形式要件之规制

纵观欧陆各国，以形式要件对遗嘱自由做轻微程度之管制是不言自明的。除法律所承认之遗嘱方式外概不具有法律生命，无论意思表示之实情如何，也即意味着遗嘱人选择遗嘱形式之自由如果外溢于法定形式即为无效。一般而言，遗嘱方式分为普通方式遗嘱与特别方式遗嘱。② 我国现制遗嘱形式原来主要有五类：公证遗嘱、自书遗嘱、代书遗嘱、录音遗嘱以及危机情况下之口头遗嘱（原《继承法》第十七条），此次民法典编纂新增"打印遗嘱"（《民法典》第一千一百三十

---

① ［德］罗伯特·霍恩、海因·科茨、汉斯·G.莱塞著，楚建译：《德国民商法导论》，中国大百科全书出版社 1996 年版，第 90 页。
② 德国、法国、瑞士、奥地利诸国之立法皆有普通方式遗嘱与特别方式遗嘱之分殊。结合自身民情风俗移植经典法域制度者亦对遗嘱形式照单全收，如日本、韩国以及我国历史上的民国时期皆以普通与特殊两种方式规定了遗嘱形式。参见史尚宽：《继承法论》，中国政法大学出版社 2000 年版，第 411 页。

六条），立法者并未满足于遗嘱形式选择之限制，而是更进一步对各种形式的程式做了更精致之安排。如《公证法》第十一条、第十二条、第二十五条、第二十六条将遗嘱纳入公证之范畴并对公证之具体程序与一系列合理化遗嘱之公信力制度做了详尽规范。另外，《遗嘱公证细则》更是对公证遗嘱之规范做了巨细靡遗的安排。相较于其他遗嘱方式，公证遗嘱无疑乃规范最为具体与完备之形式，但是立法将公证遗嘱效力之有效性抬到不应有之高度——无论时间先后、形式为何（原《继承法》第二十条），皆拒斥对其之变更，更遑论撤销。笔者以为，此种安排虽尊重了公证之公信力，但对遗嘱人选择方式自由之规制不免有矫枉过正之嫌。

　　另一规范较为具体之遗嘱即危急情况所立之口头遗嘱，除了两名见证人需符合原《继承法》第十八条之规定外，还给口头遗嘱之时效期限以灵活安排，一俟危急情形解除，可以立书面或录音遗嘱，则口头遗嘱立即归于无效，这也充分说明口头遗嘱为一权宜安排，非正式终局之遗嘱形式，遗嘱人虽特定情形下有选择之自由，但生效条件之限制、自由选择情形规范亦相当严苛。此种列举之方式，难免挂一漏万，随着实践与时代的瞬息万变，新型订立遗嘱之方式亦层出不穷，故立法者在对各国共同经验①兼收并蓄的基础上，做一"榫头规则"②之安排不失为明智的选择。

　　其实，相较于实质要件之控制，形式要件对遗嘱之规制并不是那

---

① 立法者未雨绸缪设计遗嘱管控形式时，各国通行良规可资借鉴，如密封遗嘱、隔绝地遗嘱、海上遗嘱、外国遗嘱、紧急情况下遗嘱等。有关各国遗嘱方式之详细论述参见史尚宽：《继承法论》，中国政法大学出版社2000年版，第411－416页。

② 此类规则之设计理念意在打破法典圆满性的迷思，正视经济社会生活的多元开放之现实。在追求立法前瞻性的同时，预设了立法的时空局限。所以一方面使司法实践尽可能做到有法可依，同时可利用"榫头规则"源源不断地导入新的习惯与规则填补体系之漏洞，而不必干等滞后的立法修正。诚如苏永钦先生所论述之"鬼牌规则"，参见苏永钦：《寻找新民法》，北京大学出版社2012年版，第96－97页。

么"刚性"，所以《继承法意见》① 第三十五条以真实意思为判准有意调和了形式瑕疵与效力规定的紧张关系。② 正是基于同一理念，《继承法意见》第四十条放宽了肯认自书遗嘱之条件。③

二、实质要件之控制

形式要件的把关虽可以从程序上对遗嘱自由形成窒碍，特别是我国将公证遗嘱之效力刻意拔高的做法（原《继承法》第二十条，《继承法意见》第四十二条），无疑对遗嘱人意思自治有明显的钳制效果，但这不免乖悖私法自治之义理，有点煮鹤燃琴的味道。④ 而且，仅以遗嘱形式单一方面的控制无法合理化遗嘱之内容，是故，实质要件之规制被推上前台。

（一）遗嘱关系人适格

首先，作为解决现代社会人们分身乏术、弥补行为能力缺陷的代理制度⑤，被拒之于遗嘱设立之门外。第三人之代理，纵使是辅助行为皆为无效，由此可见，立法者为固守真实意思之理念，不惜以牺牲意

---

① 本书倘无特别说明，《继承法意见》系《最高人民法院关于贯彻执行〈中华人民共和国继承法〉若干问题的意见》的简称。

② 《继承法意见》第三十五条规定，继承法实施前订立的，形式上稍有欠缺的遗嘱，如内容合法，又有充分证据证明为遗嘱人真实意思表示的，可以认定遗嘱有效。

③ 《继承法意见》第四十条规定，公民在遗嘱书中涉及死后个人财产处分的内容，确为死者真实意思的表示，有本人签名并注明年、月、日，又无相反证据的，可按自书遗嘱对待。

④ 公证遗嘱不仅受《继承法》与《继承法意见》之调整，仍受到《公证法》《遗嘱公证细则》之规范。公证程序之设立是为确保遗嘱人意思表示，而且设计的一系列烦琐的公证程序皆围绕遗嘱人意思真实"打转"，但时移世易，遗嘱人反悔情势时有发生，订立新的遗嘱却因成文法赋予公证遗嘱以绝对效力而沦为具文，不能不说这是对私法自治的尊重不够，笔者以为，这也与公证制度本身的立法旨趣不符。

⑤ 李永军：《民法总论》，法律出版社 2009 年版，第 621 页。

思表示之效率为代价。① 然而，现制并未有遗嘱不得代理之明文，实务
中对代理情形之认定亦以法理作为裁判依据，并无统一适用之判准，
因此未来遗嘱形式制度改革时仿行德国现制（《德国民法典》第 2064、
2065 条②）"划一"法之适用不失为上乘之选。当然，倘遗嘱人不识
字、残疾或具其他特殊情况，请他人代书则为法律所认可（原《继承
法》第十七条第三款）。因为，在此情势下，代书人全无意思表示于其
间。其次，遗嘱人需要具有完全行为能力，即遗嘱能力之有无，端视
行为能力之完全与否。如前所述，代理在此领域之禁止，使限制行为
能力与无行为能力的短板无法弥缝，所以当然不得为遗嘱，否则法律
拒绝赋予该类遗嘱以有效性（原《继承法》第二十二条）。而且，纵
使事后行为能力得到补全，亦无法填补意思之瑕疵（《继承法意见》第
四十一条）。再次，关于继承人范围之规制，目前大陆法系国家共有三
种立法例可供借鉴。③ 第三种立法例为我国所独创，既摒弃德、法可以
任意指定遗嘱继承人与受遗赠人而无范围圈定之设置，又汲取日本与

---

① 代理制度扩大了"本人"自身利益的范围，而且使自己突破了时空的局限性，
极大地促进了社会效率的提高。参见［德］卡尔·拉伦茨著，王晓晔等译：
《德国民法通论》（下），法律出版社 2003 年版，第 814－815 页。

② 《德国民法典》第 2064 条是亲自为遗嘱之规定，被继承人仅得亲自订立遗嘱。
第 2065 条规定了不得由第三人指定，1. 被继承人不得以自己的终意处分的方
式，指定由第三人决定遗嘱是否有效。2. 被继承人不得指定由他人来确定应
受领赠予的人或确定赠予的标的物。

③ 第一种为德国、法国、瑞士等所采，即遗嘱所指定之受益人才是真正之继承
人，其不但继承财产，而且还负责清偿债务，该受益人既可以在法定继承人
范围内亦可以在范围之外指定，此时的法定继承人仅仅沦为特留份权利人的
地位。这颇有点罗马法上遗嘱以指定继承人为第一要务的残余。第二种以日
本、民国时期之中国为典型，此立法例对第一种立法例中的继承人范围进行
了限制，即遗嘱所指定之继承人只能是法定继承人范围以内之人，也即遗嘱
仅仅对应继份额做出特殊安排，遗嘱人不具有在法定继承人以外指定继承人
之自由；但是受遗赠人之范围则未设任何限制性装置。第三种立法例为我国
独采，即在第二种立法例基础上对受遗赠人之范围进一步规制，仅仅限于法
定继承人以外之人。关于三种立法例之详细论述请参见郭明瑞、房绍坤、关
涛：《继承法研究》，中国人民大学出版社 2003 年版，第 248－250 页。

我国民国时期的立法经验，将遗嘱指定继承人限定于法定继承人的藩篱之内，这是否出于继受者对民情风俗之尊重不得而知。不仅如此，鉴于日本、我国台湾受遗赠人范围之不受限制，已取得法定份额之法定继承人亦可受遗赠之弊，我国进一步对受遗赠人之范围予以"管制"，即遗嘱中所指定之受遗赠人仅限于法定继承人范围以外之人，甚至国家和集体亦可作为受遗赠人出现在遗嘱关系之中（原《继承法》第十六条第三款）。如此，遗嘱所能掌控之遗嘱继承人范围已被锁定，遗嘱人不得恣意而行；受遗赠人亦有明确圈定，遗嘱人只能准规遵行。最后，是对遗嘱见证人资格之限定（原《继承法》第十八条）。从制定法内容来看，见证人之标准有两条：第一，需具有完全行为能力，所以无行为能力与限制行为能力者不得做见证人；第二，适用回避制度，以防免利害关系之人对遗嘱人真意的干扰。显然，此设计最终之标鹄乃贯彻遗嘱人意思自治而设立，但是却从程序上形成对遗嘱客观之管制，这无疑成为管制与自治之辩证关系的最好诠释。①

（二）意思表示之真实

意思表示是法律行为的工具，而法律行为又是私法自治的工具。②由是，意思表示之真实与否直接关切到自治之实现程度。所以，意思表示制度设计之重要性即不可小觑，为真实意思之实现，立法者刻意对意思表示之方式、效力安排适度管制则不可或缺。对方式之规制本节第一部分有关遗嘱自由形式要件之控制已有详述，兹不赘论。遗嘱关系人中大量关于尽可能实现真意的制度设计，其实皆可理解成对遗嘱意思表示之遥控，在某种程度上，乃遗嘱自由监控之构成。甚至在

---

① 关于管制与自治之辩证关系，苏永钦先生从宏观和微观等多角度做过详细阐释，请参见苏永钦：《走入新世纪的私法自治》，中国政法大学出版社 2002 年版。

② 参见 ［德］迪特尔·梅迪库斯著，邵建东译：《德国民法总论》，法律出版社 2000 年版，第 143 页。

极端情势发生时，径直宣告遗嘱无效（原《继承法》第二十二条①），处此情形，乃国家管控的最严厉形式。

（三）内容不悖于情理

作为承认人类自我决定的私人自治，应当保障每个人的自由和完整。② 是故，遗嘱人尽情享有自由之时亦必须以他人的利益为界。社会中的个体，可能由于身体、生理或年龄等原因而在维护自己权利之道上举步维艰，如果法律对此熟视无睹，将使这些本来被边缘化之群体更加无立锥之地。是故，特别的制度设计成为解决此一问题的钥匙。具体而言，主要由公序良俗原则与特留份制度扛起重责。关于二者之论述将在本章第二节做一详尽阐释。此处仅以我国立法为基座做一实证分析③。首先，遗嘱人自由处分之财产不得逾越"个人合法财产"之范围（原《继承法》第三条、《继承法意见》第三条）。其实该条第七款④预埋了其他法律所认可之财产导入遗产之管线，如原《婚姻法》第十八条所明定的个人财产，就不属于遗嘱自由加以支配之范围。其次，原《继承法》第十九条对"双无人员"⑤的特殊照顾直接指向遗嘱处分之内容，多少有点欧陆诸国特留份制度之投影，第二十八条对胎儿之关照亦如出一辙。由于规定单薄，太过简陋，在适用过程中麻

---

① 该条详细列举了遗嘱无效事由，这可从反面理解为，立法对无效遗嘱之强力管控，亦不失为遗嘱自由限制之一环。
② ［德］罗尔夫·克尼佩尔著，朱岩译：《法律与历史》，法律出版社 2003 年版，第 2 页。
③ 严格说来，我国并没有建立起欧陆法系诸国遗嘱继承领域对自由最直接干涉之特留份制度，而是代之以"必留份""胎儿预留"等相仿之制度；立法亦未正式肯认通行欧陆诸国的公序良俗原则，学界通说认为《民法通则》第七条为该原则在我国法上的表达。笔者持此种见解。此处之论述亦建立在这一认知之上。
④ 原《继承法》第三条第七款规定，公民死后遗留的个人合法财产包括"其他合法财产"。所以遗产范围并不以法条明确列举者为限，这是立法者务实地承认成文法不圆满的表现，对经济社会实践变迁预留足够的变动空间。
⑤ 该条明确规定，遗嘱应当对缺乏劳动能力又没有生活来源的继承人保留必要的遗产份额，简称"双无人员"。

烦不断。特留份规定之缺失成为遗嘱继承领域的"黑匣子"，诸多纠纷皆滥觞于此，成为实务适用窘境与学理争议之渊薮。理论上，遗嘱自由权利之行使，诚如雅克·盖斯旦指出的："他们应当在相应的社会职能范围内行使，否则其主体就构成了对此的背离，构成了权利滥用。"[①] 倘对自己财产的处分，"对直系卑亲属、直系尊亲属、配偶及兄弟姐妹等近亲属不留一物而以财产全部给他人，则不免乖情背意，而非道义上所容许"[②]。立法对"双无人员"的有意倾斜无疑乃伦理上的客观诉求。然而这一倾向性安排匪特从伦理上获得合理化，在以效率为宗的经济分析法学那里亦能获得正义化认同。[③]

三、其他规制之安排

面对变动不居的经济社会生活，"一经制定即已过时"之立法如何缓解特别法与普通法、社会伦理与自由市场之紧张关系，一直是困扰成文法国家立法的一个难题。社会问题的花样迭出，单纯地仰仗立法修正及时回应，显然存在"规范饥渴"的时差，再加上现代民主国家法律之制定不再具有威权制下一言堂式的便利性，而是如菜市场"论斤称两"式交易，在此情状下，立法修正来响应新的问题已然力不从心。所以务实的立法者即开宗明义指出：民事，法律所规定者，依习惯，无习惯者，依法理。[④] 原《继承法》第三十五条授权民族自治地

---

① ［法］雅克·盖斯旦著，陈鹏等译：《法国民法总论》，法律出版社 2004 年版，第 721 页。

② 史尚宽：《继承法论》，中国政法大学出版社 2000 年版，第 609 页。

③ 波斯纳指出："禁止遗嘱人完全剥夺其遗孀的继承权，这一限制是有其经济合理性的。即使妻子从来没有得到过任何现金收入，丈夫死亡时的财产还可能部分地来自于妻子的工作。她呆在家里从事家务劳动，从而就节省了本应用以雇佣女仆或保姆的钱（或节省支付其他费用的钱），从而就增加了丈夫收入的积蓄量。"参见［美］理查德·波斯纳著，蒋兆康译：《法律的经济分析》（下），中国大百科全书出版社 1997 年版，第 669 页。

④ 1930 年前后我国民国时期的"民法典"即仿行《瑞士民法典》立法例，对法源之寻找做了如此开放性之规定。我国 2020 年颁行的民法典于第十条也做出了类似的法源规定。

方结合具体情形可以做出变通或补充规定即为贯彻此一法理的明证。我国《民法典》第十条如出一辙，其作为法源法条为法官寻找裁判依据提供了指引："处理民事纠纷，应当依照法律；法律没有规定的，可以适用习惯，但是不得违背公序良俗。"据此，民族自治地方对遗嘱限制之风俗与实践为制定法所承认并肯认其效力，所以倘遗嘱自由冒犯了传统习惯，亦难以得到实现，这不失为规制遗嘱自由的又一道闸门。但除去上述遗嘱形式要件、实质要件、民族习惯之规制外，我国还置备了五保户制度（《继承法意见》第五十五条），遗赠扶养协议（原《继承法》第三十一条），也对遗嘱自由处分财产幅度有所规制。实务亦有引用其他部门法限制认定遗嘱自由范围之情势，如原《婚姻法》第十八条及相关司法解释关于专属一方财产之划分，显然超出遗嘱自由之范围。另外，有关涉外继承案件，当遵循世界通例：条约、协定具有优先适用性。遗嘱自由当然不能豁免，亦应受之约束（原《继承法》第三十六条）。

四、小结

对财产的绝对支配"是一项与保障人身自由具有密切关系的基本权利，在基本权利的整体结构中，所有权承担着保证基本权利的主体在财产法领域内享有自由空间并使他们有可能自行承担生活责任的任务"[1]，即处分之物只要符合"我的"这一要件，则可以自己之意志安排，财产权本质上承载着自由的空间与责任之范围的重任。倘缺乏对个体意志安排的充分尊重，无疑将给自由与责任带来灾难。毕竟，"财富及处分财富的能力对于自由的实现常常是重要的"[2]。所以实务中在取缔个体的财富安排或规制该种处分能力时，就需要刻意保持对自由的几分敬畏。无论立法者还是司法官，抑或其他法律人在涉及规制自

---

[1] ［德］卡尔·拉伦茨著，王晓晔等译：《德国民法通论》，法律出版社2003年版，第86页。

[2] ［美］迈克尔·D. 贝勒斯著，张文显等译：《法律的原则——一个规范的分析》，中国大百科全书出版社1996年版，第95页。

由议题时都不得不审慎省察此一功能要素。同时，诚如德国学者拉伦茨之深刻论述："仅以尊重每个人自觉决定和自己承担责任的能力为出发点，而不加入社会伦理方面的因素，还不足以构筑私法制度。"① 是故，为使私法自治之贯彻不至走样，以及尽可能在继承法自治的性质上，赋加几许家庭伦理与社会秩序的成色，管制的安排便应运而生，如形式要件、实质要件之控制。美国法学家霍姆斯指出："法律乃是我们道德生活的见证和外部积淀。"② 这昭示着立法者沉醉于遗嘱自由所带来的裨益而加以肯认的同时，亦需涵摄道德的底线以及社会认知水平的审慎衡酌。但是立法的初衷与司法的实践之间，落差始终存在，从法律解释这一实现法之续造与补漏理论之争议即可管窥③。究竟该如何规制，规制到何种程度，特别是关涉伦理与道德判断的特留份制度与公序良俗原则确是常新的使命，可能先明了现状付诸阙如之处，再论改进之可能与方案为一合理之进路。

第二节　现制司法适用之窘况

弗里德曼有言："每个法律变化都是独特的历史事件。社会力量，历史和文化不断对法律制度起作用，改变法律规则，或延缓、塑造或是缓和变化。每个法律变化有其本身的生命史。但是有某些典型模式，即法律变化倾向于遵循的道路。"④ 历史的回溯与立法例之考察告诉我

---

① ［德］卡尔·拉伦茨著，王晓晔等译：《德国民法通论》，法律出版社 2003 年版，第 58 页。

② ［美］博登海默著，邓正来译：《法理学：法律哲学与法律方法》，中国政法大学出版社 2004 年版，第 394 页。

③ 关于法律解释、法律续造理论以及解释标准之争论。参见［德］卡尔·拉伦茨著，陈爱娥译：《法学方法论》，商务印书馆 2003 年版，第 193 – 228、246 – 278 页；黄茂荣：《法学方法与现代民法》，法律出版社 2007 年版，第 299 – 505 页。

④ ［美］弗里德曼著，李琼英、林欣译：《法律制度——从社会科学角度观察》，中国政法大学出版社 1994 年版，第 340 页。

们，狭义遗嘱自由限制的典型进路即公序良俗原则与特留份制度。然而，诚如一代法学宗师萨维尼所言，法律首先是由一个民族的特性，亦即民族精神决定的。① 所以各国又在遵循普世性经验的同时，打造了本民族规制的传统性格。大陆法系与英美法系在制度上的争奇斗艳即是例证。我国现制脱胎于长期管控超强的计划经济，现转轨到市场经济，要明了"回填"自治法义理的多少及程度，还是先看看现状再说，关于此，霍姆斯论述得最为精辟："要想改进，第一步就是要看看眼前的事实。"②

一、"特留份"适用现状

美国思想家潘恩曾说，那些试图享受自由的人，必须同时忍受肩负它的疲惫。③ 特留份制度的存在无疑乃遗嘱自由肩负的第一大疲惫，然而对司法官而言，又何尝不是。从案例的分析中，我们就可瞥见此一端倪。

如，南京市秦淮区人民法院审理的"李某、郭某甲诉郭某乙、童某某继承纠纷案"中，法院认为，根据《继承法》第十九条之规定，原告郭某甲在郭某乙死亡后出生，尚处幼年，原告母亲李某没有固定收入，生活来源缺乏保障，依法应当为其保留必要的遗产份额，以保障原告郭某甲生活所需和健康成长。因此在处理遗产时，应当为原告郭某甲留下 1/3 必要的遗产份额，所剩余部分，才可以参照遗嘱确定的分配原则处理。故郭某乙剥夺郭某甲继承权的部分无效。④

首先，裁决中，司法官一般是直接引用第十九条有关"双无人员"关照之规定而没有具体的说理论证过程。其判准为何、推理方式皆留待他人揣度，给人以法官根本没有任何方法原则为后盾之印象。其次，

---

① [美]博登海默著，邓正来译：《法理学：法律哲学与法律方法》，中国政法大学出版社1999年版，第88页。
② "Law and Social Reform", in *The Mind and Faith of Justice Holmes: His Speeches, Essays, Letters and Judicial Opinions*, ed. by Max Lerner, The Modern Library, 1943, p. 401.
③ 转引自刘瑜：《民主的细节》，上海三联书店2011年版，第31页。
④ 江苏省南京市秦淮区人民法院（2006）秦民一初字第14号民事判决书。

具体份额之多寡，法律不置可否的结果将是，要么司法官无所适从，要么堂而皇之依自己的主观见解裁判。本案中，郭某甲作为遗腹子，其受害之情势其实应在原《继承法》有关胎儿预留份规定①之射程范围，可司法官却脱离此直接规定而以更模糊之"双无人员"规定而代之。"必要份额"之于实务，可以说徒具宣示效果，没有一个量化的操作标准，使司法官裁决时没有依据。正如学者指出的，不管法官如何宣布他的立场，法律终究是伪装的权力，是一群人强加给另一群人的生活方式。② 如果强加的方式没有充分的说理论证于前，又互相龃龉于后③，法官对类似遗嘱之认定在"法律适用腹地"大打出手，显然并非法治之福音。俗语云：对症下药，量体裁衣。笔者以为，倡导首见于罗马法之"义务份"，后经实务与理论的演化，发展于现今欧陆各国之特留份制度"可资我鉴"。一方面，将现制"双无人员"与"胎儿预留"之规定整合④，明确规定特留份之制⑤，至于立法例之选择，本书更倾向于同文同种之我国台湾现制，毕竟作为地域性浓厚之遗嘱制度不能对传统习俗、历史渊源熟视无睹。另一方面，为禁绝份额多寡之纠纷，仿行欧陆各国现制，对份额做一明确规定以提高可操作性⑥。

---

① 原《继承法》第二十八条规定："遗产分割时，应当保留胎儿的继承份额。胎儿出生是死体的，保留的份额按照法定继承办理。"

② 何海波：《何以合法？——对"二奶继承案"的追问》，《中外法学》2009 年第3 期。

③ 如绪论中引例一与引例二所示，类似案情却相反处理。

④ 事实上，虽然原《继承法》岿然不动，其关于"双无"之标准却为《老年人权益保障法》所修正，更接近特留份制度的实质。该法第二十一条第三款规定，老年人以遗嘱处分财产，应当为生活困难的老年配偶保留必要的份额。此处并未与原《继承法》保持一致，而是不论配偶是否为"双无"之情形，老年人遗嘱处分财产时皆须预留特定之份额。遗憾的是，此突破只是局限于老年配偶，因此并未从根本上整合现制，从而建构完备的特留份制度。

⑤ 有关特留份法律之规定可参见《德国民法典》第 2303 条，《意大利民法典》第 536 条。

⑥ 如 1930 年代民国时期"民法典"第 1223 条规定，直系卑亲属、父母、配偶之特留份为应继承之二分之一；《德国民法典》第 2305 条规定，特留份权利人均为应继份的一半；《法国民法典》第 91—95 条规定，第一顺序之特留份权利人按人数计算，第二顺位权利人则依亲系考量。

最后，特留份权利人范围，依各国通例，皆限于法定继承人，但具体范围则不尽相同。①

当然，关于"特留份"之剥夺情形的管制，可视为对遗嘱自由的另一变相规制。德国由被继承人以遗嘱之方式为之，日本由家庭法院肩其责，而且规定了剥夺之具体情势以使法律适用不至混乱。但我国现制却再次让法律失语，② 不得不说是一个遗憾。

二、公序良俗置喙多

在我国实务中，具有确定法效果的"必留份与预留份"规则因操作性的乏善可陈以及制度建构之不完备，再加上人之理性的局限性，所以在继承领域，溢法行为或事件时有发生，当其悖于法律整合之目的与法律内存之秩序时，借重于公序良俗之理念抟注于现制的遗嘱自由之中，便成了必要的选项。然而于一般情形，原则更多的是作为指导思想而非直接适用于个案之规则。③ 公序良俗本身的内涵即如幽灵般游离不定④，欲借用此特性来"以不变应万变"地规范多彩的经济社会生活，飘逸空间之大确实不假，但个人对法的可预期性及安排生活的积极性将大大降低，甚至可能引发得不偿失的后果。

如，在河南省南阳市中级人民法院审理"王某某等与陈某某继承

---

① 如《法国民法典》规定为直系卑亲属，直系尊亲属。《德国民法典》规定为直系卑亲属、配偶、父母。《日本民法典》规定为配偶、直系尊亲属、直系卑亲属。我国台湾地区"民法典"规定为直系卑亲属、配偶、父母，兄弟姊妹，祖父母；胎儿与代位继承人。

② 此论断基于我国现行法律只有"双无人员"权利享有之宣示，但对于权利人究竟何时依据何种情势被剥夺必留并无明确规定，理论上，"双无人员"对必留份之享有不受任何限制，更无剥夺之可能，显然，这一安排对于被继承人来说过于严苛。比较合理之做法，或许是引进欧陆各国特留份丧失之规定。

③ 参见［德］卡尔·拉伦茨著，陈爱娥译：《法学方法论》，商务印书馆 2003 年版，第 293 页。

④ 关于善良风俗概念内涵与外延的不确定性及适用困境的详细论述，参见［德］梅迪库斯著，邵建东译：《德国民法总论》，法律出版社 2001 年版，第 513 页；［德］卡尔·拉伦茨著，王晓晔等译：《德国民法通论》，法律出版社 2003 年版，第 596 页。

纠纷上诉案"中，上诉人（原审原告）王某某、李某甲、李某乙要求
继承李某某房产（房产为夫妻关系存续期间所购，李某某为名义上之
所有人），而此时房产为死者李某某一起生活数十年的情人即被上诉人
（原审被告）陈某某居住，且死者立遗嘱将房屋遗赠给被告陈某某。妻
子王某某与其子女李某甲、李某乙主张要回房屋并要求陈某某承担拒
不腾房的侵权责任。陈某某以遗嘱抗拒原告的主张。但法院认为："被
告陈某某与李某某虽一起共同生活，但不是合法的夫妻关系，其行为
违反了公序良俗原则，不能得到法律保护，本院认定该遗嘱无效，不
能适用遗嘱继承的法律规定。"[1]

　　本案中，法官的法律适用方法颇值商榷，将原则伪装成规则加以
适用，却未严格遵循形式逻辑的三段论推理。[2] 显然，此处公序良俗原
则毋宁说只具有宣示之意义，仅仅为司法官的恣意或道德评价提供一
个模糊的合理化证成。在没有一个严格说理论证逻辑，且案例类型化
后的类推适用体系远未构建之环境中，经验性的操作与社会舆情之照
顾可能使当前的个案能有个整体皆大欢喜的结局，但是却可能酿成今
后一百个的案件无所适从，获得治丝益棼的结果。这也可以解释为何
遗嘱继承领域公序良俗之适用与"正义的要求（相同事物作相同处理，
不同事物作不同处理）"渐行渐远。[3] 这类案例的积累无以清晰化公序
良俗原则、划定其与其他原则及实证规定之间的适用界限。是故，公
序良俗原则因其灵动性，经常性地被司法官用来突破规则与原则界阈
之工具，以规避说理上偷懒的责任，则并非杞人之忧了。所以从宏观
与长远的视角衡酌，以美国大法官霍姆斯的名言做一番矫正似乎更可

---

[1]　河南省南阳市中级人民法院（2010）南民一中字第 872 号民事判决书。

[2]　其实也不可能，因为原则仅仅具有初始化特征，而没有确定性法效果。倘需
　　适用于个案，需要找到一套客观化的程序结合个案情形逐步将案件类型化，
　　用类推适用的方法来完成法的续造。参见 Robert Alexy, *A Theory of
　　Constitutional Rights*, trans. Julian Rivers, Oxford University Press, 2002, p. 58；
　　［德］卡尔·拉伦茨著，陈爱娥译：《法学方法论》，商务印书馆 2003 年版，
　　第 285 - 286 页。

[3]　绪论中引例一、二的龃龉即是此结局之明证。

取，即逻辑重于经验。①

　　综上实务考证可知，我国实务判决中最重要的说理论证仿若带上了"杰若丝魔戒"②，迷失在判决主文之中，留给他人无限的遐想。艺术家的遐想可以产生惊世之作，而当事人的遐想则导致判决的难以服人。这不禁让人联想到美国耶鲁大学宪法学教授阿克曼在《我们人民》中提到的"宪法时刻"③，若说此时，法律体系处于"司法时刻"，立法者前瞻性的投射在规则中的理念以及个人践行私法自治的举动，法律的实现以及法律体系的运行节点浓缩于此，应不为过。说理的缺失兴许还不是那么乖谬，如果在司法官不惮"以德入法"之勇气的衬托下，难怪会有学者指摘司法官有混淆道德律令与法律规则之虞。有学者指出，我国法院在没有任何明确规则的情况下就认定将财产留给情人而没有留给妻子的遗嘱无效，正是在于对善良风俗的判断对象的认识有误。"民法既然规定一个人可以在不损害他人利益的前提下，有权处分其个人财产，那么，这个人就有权利将财产给予任何人，包括强奸犯、杀人犯、精神病患者等，当然，也包括其情人。只要其权利的行使没有损害其他人利益，其法律行为就是无可指责的，就应该是有效的。其行为是可以指责的，但那属于道德的范畴，而不是法律的范

---

① 美国大法官霍姆斯最为人传颂的一句话即是："法律的生命在于经验，不在逻辑。"参见 ［美］Oliver Wendell Holmes Jr., *The Common Law*, Little, Brown and Company Little, 1923, p. 1. 在中国，霍姆斯亦有不少拥趸，朱苏力在论证基层司法官经验性与权宜地操作法律有利于纠纷解决与维护社会秩序，而批判学界自闭与书斋，对此实情熟视无睹即毫不掩饰对霍姆斯之崇拜。参见朱苏力：《送法下乡》，北京大学出版社 2011 年版，第 173 - 192 页。笔者以为对于一个优秀的司法官而言，逻辑与经验都应兼具，只是比例与形式有所差异，毕竟相较于立法者高度前瞻性的特性所苛求的严密逻辑，司法官则可更从容地在逻辑与经验间逡巡穿梭。

② 古代神话中的牧童，他有一个金魔戒指，戴上以后可以隐身。此处用以形象地比喻实务中判决说理的缺失，这是今后需要注重改进之隙。

③ 阿克曼将美国历史上宪法重大的几次变迁称为"宪法时刻"，英文表述为 constitutional moments, 参见 Ackerman, *We the People*, Vol. 1, *Foundations* (1991), Vol. 2, *Transformations* (1998), Belknap/Harvard UP.

畴。"① 质言之，我们缺乏一套原则具体化的程序，同时没有建立起案件类型体系以演绎较为特定的原则，借此将原则转变为——能被用作裁判基准的——规则。"特留份"制度的建立，学界呼吁经年，随着《老年人权益保障法》的修正，终于"千呼万唤始出来"，在现制的基础上开了一个小口②，并最终置备于民法典之中。而且案例分析中所揭示之适用瑕疵③皆在一定程度上得到了解决。笔者也无意于"拾人牙慧"，所以本章首先从遗嘱自由广义之限制的视角评述现制；进而落脚于"公序良俗"原则之司法适用，鉴于现状之堪忧，故试图引进阿列克西之原则碰撞理论，以期给司法适用中遗嘱自由与"公序良俗"的纠葛破局。

第三节　司法适用窘况之解决

如前所述，特留份制度之呼吁在《老年人权益保障法》实施之后，鲜再有当初之嚼头。学界疾呼的"规范饥渴"亦显得不那么迫切。而与其共同扼守遗嘱自由滥用隘口的公序良俗原则却因其适用的恣意性而广受诟病，诚如本书绪论所举引例一样，法理与人情的龃龉④，观念

---

① 李永军：《民法总论》，法律出版社 2006 年版，第 508 页。

② 《老年人权益保障法》第二十一条第三款规定，老年人以遗嘱处分财产，应当为生活困难的老年配偶保留必要的份额。此处，法律不再强求原《继承法》所规定的"双无"标准，而是与欧陆各国特留份制度精神一致，虽然仅仅局限于老年配偶，但这一微小突破，却对继承法的修正带来震动，同时也反映了立法者对特留份制度的态度，可以乐观地说，该制度在我国之建立已指日可待了。

③ 如"双无人员"判准之问题因特留份权利人范围之明确而告终，必要份额之多寡因明确之规定而解决等。详情请参阅《老年人权益保障法》之具体规定。

④ 在泸州遗赠案中，根据遗赠制度适用的一般法理，在我国现制下，黄某某将全部财产以遗嘱之方式为处分行为，并无不当。将发妻排除在受益人范围之外，至多遭受道德之责难，却很难在法律上导出处分行为的瑕疵。正因如此，法学界几乎一致"声讨"司法官罔顾法律，放弃以服从法律为天职的职业操守而屈从于世论舆情。

与判决的落差①，使司法适用在学界与社会层面疲于奔命而"里外不是人"。内无法正视法理之精义，自遁于成文法；外不敢乖谬舆情之激昂，屈从于非理性压力。但是，这并非一劳永逸之计，特别是面对日趋复杂的经济社会生活，特留份制度的规制也会日渐力不从心。比如，一份未侵犯特留份权利人之遗嘱，为所欲为的空间亦未完全禁绝。② 是故，超越特留份规则射程范围之情势一旦出现，如何寻找法律规范成为司法官处理个案的第一要务。此时公序良俗原则往往被最先搬出，但是，众所周知，自萨维尼以来，法学方法受利益法学的洗礼，承认规范及法律判断均包含价值判断的要素，现代法学方法的课题即在于寻找使价值判断客观化的方法，然始终未有令人满意之结果。笔者以为，阿列克西原则碰撞理论或可带领我国实务走完公序良俗原则判断客观化旅途的最后一里路。

一、碰撞律则之梳理

贝勒斯主张，法律原则是需要去证成的东西。③ 但是具体如何证成，他并未递上满意的答卷。德沃金做过认真的尝试④，拉伦茨也有经

---

① 在杭州遗赠案中，判决甫出，尽管颇具法理之说服力，但仍然逃不了世论喧哗。有报道以"百万财产遗赠保姆，两个女儿分文未得""父亲遗赠保姆，女儿打官司"等语不惊人死不休之论述吸引眼球。虽然舆论通过博人眼球的标题与报道影响判决的倾向不足取，但亦足以反映社会观念与法理之脱节。笔者以为，法律适用的目的应该是使适用的结果尽量符合人们的朴素法感，以降低守法之成本。而本案中，显然立法者的超前与民众的法感间有不少落差，这是我们在引介移植域外遗嘱自由限制制度时所应审慎参勘之处，以免水土不服、适得其反。

② 倘引例一中，被继承人黄某某事先已经留给了妻子一份养老资财，亦未侵害到其固有之部分，那么其将剩余在法理上可自由处分之财产遗赠情人，且不说能否获得"妇联"、舆情之"谅解"，就算在法制相对成熟的经典法域，亦不得以"一刀切"之方式待之。

③ 参见［美］迈克尔 D. 贝勒斯著，张文显等译：《法律的原则——一个规范的分析》，中国大百科全书出版社 1996 年版，第 12 页。

④ Ronald Dworkin, *Taking Rights Seriously*, Harvard University Press, 1977, p. 24.

典的分析①，但只有到了阿列克西这里，精致的证成方案才浮出水面。② 作为最佳化命令（optimizing commands）的法律原则，也包含了命令、许可和禁止等这些基本的道义表达方式，也可以作为什么是应该发生的具体判决的理由。③ 但是，其独特性质决定了其可以在不同程度被满足，而且其实现程度与其说是主要仰赖于案件事实，毋宁说本质上更取决于与之相竞争的法律原则。所以法律原则所具有的分量或重要性面向（the dimension of weight or importance）④ 成为其适用方式衡量（balancing）⑤ 的着力点。即结合具体个案事实，比较处于竞争关

---

① 参见［德］卡尔·拉伦茨著，陈爱娥译：《法学方法论》，商务印书馆2003年版，第279页。拉伦茨指出，权利也好，原则也好，假如其界限不能一次确定，而毋宁多少是开放的和具有流动性，其彼此就特别容易发生冲突，因其效力范围无法自始确定。一旦冲突发生，为重建法律和平状态，或者一种权利必须向另一种权利（或有关的利益）让步，或者两者在某一种程度上必须各自让步"。但是拉伦茨并未进一步说明如何让步的方法。

② 接下来对阿列克西原则碰撞理论的梳理主要参考陈显武：《论法学上规则原则之区分——由非单调逻辑之观点出发》，《台大法学论丛》2005年第34卷第1期；雷磊：《法律规范的同位阶冲突及解决：以法律规则与法律原则的关系为出发点》，《台大法学论丛》2009年第38卷第4期；张嘉尹：《法律原则，法律体系与法律概念论——Robert Alexy 法律原则理论初探》，《辅仁法学》2003年第24期；舒国滢主编：《法理学导论》，北京大学出版社2006年版，第109 - 117页。Robert Alexy, *A Theory of Constitutional Rights*, trans. by Julian Rivers, Oxford University Press, 2002; Robert Alexy, On the Structure of Legal Principles, *Ratio Juris*, Vol. 13, No. 3, 2000, pp. 294 - 304; Robert Alexy, Balancing, Constitutional Review, and Representation, *International Journal of Constitutional Law*, Vol. 3, No. 4, 2005, pp. 572 - 581; Robert Alexy, On Balancing and Subsumption: A Structure Comparison, *Ratio Juris*, Vol. 16, No. 4, 2003, pp. 433 - 449.

③ Robert Alexy, *A Theory of Constitutional Rights*, trans. by Julian Rivers, Oxford University Press, 2002, p. 45.

④ Ronald Dworkin, *Taking Rights Seriously*, Harvard University Press, 1977, pp. 25 - 26.

⑤ Robert Alexy, *The Argument from Injustice: A Reply to Legal Positivism*, trans. by Bonnie Litschewski Paulson and Stanley L. Paulson, Clarendon Press, 2002, p. 70.

系中的两个原则，何者更具有分量或具有优先性①，在分量的维度上解决二者的紧张关系，只不过法律原则自身从来不是个案裁判的明确依据（definitive reason），换言之，法律原则作为个案裁判之依据需要具体化。②

具体而言，首先在于肯认任何原则皆无绝对优先性③。在这一前提下，可知，处于紧张关系的原则之间的同位阶性，并无先后次序。正因此，衡量的结果仅仅针对特定个案，如果换成其他场域，可能因比较重要而确立优先地位于彼案之原则在此案中处于劣势。这种条件式优先关系通过碰撞律则的演绎可得出一条规则，具体推理如下：

第一，确定有哪些原则可以适用于一个具体的案例且二者皆不具有绝对的优先性（如两原则分别记为 P1 与 P2）；

第二，确定处于紧张关系间之原则孰具有优先性：倘 P1 优先于 P2 则表述为（P1　P　P2），倘 P2 优先于 P1 则表述为（P2　P　P1）；

第三，通过充分说理论证找出优先关系的条件（用 C 表述），并得出以下两对关系：（P1　P　P2）C 和（P2　P　P1）C′；

第四，论证具体案件符合优先性条件 C 还是 C′，将条件满足的法律后果适用于该案件中。④

阿列克西对此步骤进行了更为精准的符号化分析，两原则 P1、P2 间完整的碰撞关系其实有四种可能：

（1）P1　P　P2

（2）P2　P　P1

---

① 阿列克西认为，原则之间的相互碰撞并不能称之为矛盾，而以紧张关系称之更为妥适，而且这一关系没有任何一个原则具有绝对的优越性。参见陈显武：《论法学上规则原则之区分——由非单调逻辑之观点出发》，《台大法学论丛》2005 年第 34 卷第 1 期。

② Robert Alexy, *A Theory of Constitutional Rights*, trans. by Julian Rivers, Oxford University Press, 2002, p. 60.

③ Robert Alexy, On Balancing and Subsumption: A Structure Comparison, *Ratio Juris*, Vol. 16, No. 4, 2003, pp. 436 – 439.

④ Robert Alexy, *A Theory of Constitutional Rights*, trans. by Julian Rivers, Oxford University Press, 2002, pp. 52 – 54.

（3）（P1　P　P2）C

（4）（P2　P　P1）C′

从之前的论述，我们知道，绝对的优先关系并不存在，所以司法适用主要是围绕第（3）（4）种情形展开。司法官经过衡量，得出一个条件式优先关系，通过这个优先关系导出一条规则，适用此规则即可得出确定性的法效果。这一法律原则用于裁判具体个案的具体化过程，即为碰撞律则产生之过程。可简要表述为：

若原则 P1 在特别情形 C 下优先于 P2，即上述第（3）种情形：（P1　P　P2）C，且若 P1 在特别情形 C 下可导出法效果 R，则会产生一条由 C 组成其构成要件，R 组成其法效果的规则，即 C→R（为论述方便，此碰撞律则用 G 代替）。

若 C 则 R，是已经具备了一条确定性命令（definitive command）的外观。但倘因此，判断法律原则至此可以顺利地适用到个案中了，还为时尚早。因为阿列克西认为，在特殊条件 C 下，以 C 为构成要件的碰撞律则 G 可能导出只具有初步印象特征（the prima facie character）的法效果 R′。换言之，碰撞律则最终导出的规则有两种情况：有确定性法效果 R 之规则与仅具有初步印象特征 R′ 之规则。碰撞律则 G 由于例外条件的存在导致确定性 R 迷失，而只具有初步印象特征 R′。笔者以为，这两条规则亦可以简要表述为：

（1）If C，then R；

（2）If C，then R，unless A（A 代表"规则—例外"结构中例外之情形，当然如果将 A 作为条件 C 的要素之一，那么确定的法效果 R 即可出现）。

至此，司法官利用原则，越俎代庖审慎地行使本应由立法者操控之权似乎已呼之欲出。通过这样可视化的裁判思路的展示，司法官在立法者尚未践履其创设特定规范的义务时，进行超越法律的"法律续造"① 则不会显得天马行空，饱受没有客观化价值判断方法为支撑的

———————————

① ［德］卡尔·拉伦茨著，陈爱娥译：《法学方法论》，商务印书馆 2003 年版，第 299 页。

诟病了。

二、碰撞律则之证成

以前文所引河南省南阳市中级人民法院审理的"王某等与陈某继承纠纷上诉案"为例，死者李某将房子遗赠给同居数十年的情人陈某，其妻王某及其子女认为这违背公序良俗，否定遗嘱之效力。此案例关涉公序良俗原则与私法自治原则，或更确切而言乃私法自治原则在继承领域之投射：遗嘱自由原则。

由原则碰撞律则的角度来审视此"遗赠情人案"，证成如下：

在第一个层次上，该案存有介乎原《民法通则》第七条相连接而产生的公序良俗之维护与原《继承法》第十六条第三款之遗嘱自由之间的紧张情势（spannungslage）。我们若把善良风俗之维护以 P1 代替而遗嘱自由以 P2 代替。若仅有 P1 本身存在，则会导致一个禁止性命令：不得遗赠情妇，否认遗嘱之效力。若仅有 P2 本身存在，则导致一个许可命令：可以遗赠包括情妇之任何人，遗嘱有效。现在 P1 与 P2 同时存在，法院体认到该冲突，不以宣告 P1 或 P2 为无效结束紧张情势，而是进行衡量工作。在衡量时，法院根据不证自明之理认为，这两个原则没有一条原则具有一种绝对意义上的优先性。只有在典型的案例形成于个案之特别情形的考察下，来决定哪方利益应该退让。在确定抽象的同等重要的原则之间的碰撞后，法院接着跨入第二层次之论证。倘法院认为在以遗嘱处分自己之财产（C）的具体案例上，遗嘱自由（P2）优于公序良俗之保护（P1），则可得出一条有初步印象特征的条件式优先关系，即（P2 P P1）C。这意味着个人以遗嘱方式处分自己之财产一般来说应当先行，虽然它有时会在某种程度上对公序良俗构成影响。但这种一般的优先性只是一般特征而已，并不是每一份自由处分自己财产之遗嘱皆被允许，可能仍有例外的存在（A）。例如，若有充分的理由存在可以来证成遗嘱处分是不被允许的话，那么至此，法院必须进行第三层次之论证，而第三层次之论证将成为判决的主要理由。在"王某等与陈某继承纠纷上诉案"中，法院首先确定死者遗嘱处分之房子，为夫妻共有，属于妻子之部分构成无权处分时，而遗嘱未给与妻子及子女以必要之份额危害到他们法定之权利及善良风俗（C′）的具体案例上，公序良俗之保护（P1）优于遗嘱处分之自由（P2）。所以（P1 P P2）C′这个条件式的优先关系有效。依照碰撞律则 G 之运用由（P1 P P2）C′导出 C′→R 这条规则，而 C′→R 这一规则有五个构成要件。其基本结构如下：

A1∪A2∪A3∪A4∪A5→R（"∪"表示"且"）

也就是说，C′由 A1∪A2∪A3∪A4∪A5 组成。

现将该条件句转化成判决理由应该是：若遗嘱处分自己之房子（A1），该房子为夫妻共同所有（A2）[①]，属于妻子之部分构成无权处分（A3），且遗嘱未给配偶及子女以必要之份额（A4），触犯了公序良俗原则（A5），则此遗嘱处分在法律上是被禁止的（R）。因此，该案中，妻子王某与其子女之请求：判决遗嘱无效是有理由的，是由（P1 P P2）C′支持的。此案判决后，法院创造了，更确切地说是新发现了[②] C′→R 这一确定性的禁止命令，这不同于第二层次之 C1→⌐R 只具有初步印象特征。显然，C′→R 这一条件句中，C′已经将具体个案中的特别情形详尽地描述了出来，所以一旦 C′出现，则确定性的法效果 R 就会产生。当类似的裁判日积月累，比较的可能性与衡量的精确度会日益提高，则判决时，主观判断的余地亦将日益缩小。当某一个新

---

① 需要指出的是，为论述之简化，关于共同所有房子认定，笔者其实隐去了另一个规则适用之过程。现简述如下，根据《婚姻法》第十八条的规定，除法律规定专属于夫妻一方所有外，夫妻关系存续期间所得财产为夫妻共同共有。也即夫妻没有约定婚姻存续期间财产归属（T1），房子非第十八条规定的专属于一方财产之情形（T2），房子属于第十九条规定的夫妻关系存续期间取得（T3），得出房子为夫妻共同所有的结论 R。即 T1∪T2∪T3→R。

② 参见［德］卡尔·拉伦茨著，陈爱娥译：《法学方法论》，商务印书馆 2003 年版，第 278、287 页。根据拉伦茨的理解这一确定性的命令一直在"法秩序之内"，纵使法律规整计划原本未必包含这一规则。而且法官此时的漏洞填补活动，并不是一个意志行为，毋宁是一个认识行为。只不过这一认识行为是有权为法律适用与法的续造者，根据一定程序对法秩序的理解所获致，因此法之意义内涵需要反复重新探求，也经常获得新的特征。

的个案具体情势完全或相当满足判决中所得出 C′→R 等确定性命令群之一时，前者可凭借涵摄（subsumption）① 来解决问题，后者可通过事件比较促成类推适用。兴许在此基础上对案件进行类型化②，简化今后比较的负担，有望提高司法推理之效率。

三、小结

法院系就个案做出裁判。不论是法的解释、法的续造，直接效力只及于被裁判之个案。然而，基于法秩序的内在要求，法之解释必须"适切"，法之续造理由必须"正当"，这样才可能实现法律体系的目标。原则适用作为规则之源泉，其价值判断的主观性难免流于不确定性，阿列克西的原则碰撞理论为这一判断提供了一个客观化域界，使原则之适用免于建立在主观臆断的流沙之上。在此基础上的个案堆积，最终将构筑起一张处于紧张情势的原则之间的"无缝之网"。也许，有人质疑，碰撞律则如此复杂的适用逻辑以及高度技巧，如何能本土化。笔者以为，这就多虑了，毕竟作为裁判法、自治法的民法，其所预设的读者并不是交易者而是司法官与研究社群，一个以谕知裁判规范而非行为方式的规则，本土化的层次只需停留在法律人这一层级即可。③是故，关于碰撞律则的推理过程，普罗大众既不必"使由之"，更不必"使知之"，由司法官在判决说理中负责任的率尔操觚以使法律适用趋于统一，则善莫大焉了。而且只有借助于这一说理和论证的过程，才能检验司法官在运用法律原则所进行的价值判断是否合理。④

---

① Robert Alexy, *The Argument from Injustice*: *A Reply to Legal Positivism*, trans. by Bonnie Litschewski Paulson and Stanley L. Paulson, Clarendon Press, 2002, p. 70.

② 参见［德］卡尔·拉伦茨著，陈爱娥译：《法学方法论》，商务印书馆 2003 年版，第 286 页。

③ 关于法律制度的本土化层次及操作技术，参见苏永钦：《走入新世纪的私法自治》，中国政法大学出版社 2002 年版，第 47 – 53 页。

④ 舒国滢主编：《法理学导论》，北京大学出版社 2006 年版，第 118 页。

第四节　衡量结果之审查：检验法律决定的可接受性

前述理论及操作过程在一定程度上符合法律决定的可预测性的诉求。将"条件式优先关系"寻找中的衡量过程予以展示，使得衡量成为有章可循的司法论证活动，给外界提供了检讨与评判的可能，从而推进了价值判断的客观化，限制了法官行使自由裁量权的恣意。但是，由于公序良俗原则具体化与概括条款之具体化一样不是纯认识或纯意志的行为，而是结合二者的创造性评价活动，在这个活动中，法外的规则或社会现实均可作为认知或意思的要素。① 正是这一评价因素的引入，使得法官得以将自己的主观判断因素挹注于裁判之中，但是价值判断从来不是不受拘束的活动。前述衡量精确化的努力，虽然一定程度上压缩了价值判断恣意，但这种个案导向的具体化适用仍有其局限及缺失存在。尤其在一些边际案型中（即具体化适用时可能出现的衡量要素尚未成熟或判断具有相对性），如何控制基于价值标准所做裁决的正当性，实际上即追问法律决定可接受性如何确保的问题，显然，精确衡量方式自身已无法解决，通过对裁决结果的审查来间接检验衡量结果的可接受性不失为一个不错的选择。

一、法律决定检验可考量的因素

依前述方法，启动公序良俗原则对遗嘱自由进行限制的适用过程中所导出的个案规范不具有法律规范的普遍性，其效力仅限于特定的个案情形。而且，通过"条件式优先关系"的寻找所确立的优先原则，其优先性也是相对个案而言。虽然这从形式上结束了个案的法律争议，但对于优先关系的不同意见却一直存在，甚至合议庭即对优先关系持矛盾之立场。由此观之，依据个案规范所做出的裁决不具有终局的确定性。一方面由于该决定并非基于权威的制定法而演绎完成，另一方

---

① Mueller, *Juristische Methodik*, S. 26 f., 271.

面其法律前提也未经由批判性讨论所证明。究其实，此法律决定不过是经由特定程序所导出的符合法的可预测性诉求的个案意见陈述。因此，为弥补此缺憾，催生了审查法律决定的必要性。法律解释、权力分立等决定了审查须考量的因素及审查的方法。

（一）法律决定检验与法律解释

前述遗嘱自由原则与公序良俗原则"碰撞"导出的个案裁判规范，系通过特定条件下优先关系的寻找，确定某种原则优先的情况下促成在具体个案中构成要件的明晰，并将之适用于该个案的事实构成从而得出妥适的法律决定。这决定了法律适用必然是双向的过程，一方面将未经加工的案件事实提炼为作为终局裁判的陈述性案件事实；另一方面将应予适用之规范内容尽可能精确化。① 而这一双向交流离不开法律解释的功能，或可说法律适用的过程就是法律解释的过程。② 但是，由于规范语词本身的多义性，或多或少有弹性之解释空间，因此法律适用者在私欲之不理性驱使下将使得法律的确定性有被违反之虞。这种情形在公序良俗这类不确定法律概念之适用中更为明显。为实现公正且衡平的法律决定之目标，探寻法律解释的可审查性方法及解释所参考之因素则显得异常重要。

显失公平规范经由"碰撞律则"完成规则化的过程中，对相碰撞原则之理解、案件事实之提炼、个案规则的产出，连接法律规范与案件事实从而导出妥适的裁判，可以说在在皆离不开法律解释的媒介作用。根据考量因素、解释目标等的不同，形成了比较典型的解释方法，如文义解释、历史解释、体系解释、比较解释、目的解释等，其中目的解释又根据探求目的的不同细分为主观目的解释与客观目的解释。鉴于各种解释方法之功能与考量因素不同，或可能出现对同一法律渊

---

① ［德］卡尔·拉伦茨著，陈爱娥译：《法学方法论》，商务印书馆 2003 年版，第 193 页。

② 参见王夏昊：《法律规则与法律原则的抵触之解决——以阿列克西的理论为线索》，中国政法大学出版社 2009 年版，第 252 页。

源之解释根据不同的解释方法而得出不同，甚至抵牾的解释结果。如此，连法律决定之可预测性尚且不能满足，更遑论法律决定的可接受性了。如对于我国法的显失公平规范（原《民法通则》§59-1、原《合同法》§54-1）的体系定位，根据前述具体化适用类型的探究，有将之解释成意思表示瑕疵之类型者，有将之作为限制意思自治从而维护结果公平者，从而针对个案往往导致截然相反的认定结果。以之为意思表示瑕疵类型的司法实践，法官往往避开显失公平认定之标准探究及说理的详备，而转向认定意思表示真实作为否定显失公平主张之依据；以之为标的公平性控制者，则法官多直接分析显失公平之要件，俟要件充足则为显失公平之宣告。正是为消除此类不确定性，所以有不少学者笃力探究不同解释方法之位阶关系。如拉伦茨即提出为大多数法学家所认同的位阶关系：文义解释＞体系解释＞主观目的的解释＞客观目的的解释。[①] 亦有论者从法律解释具有原则性质的视角出发，认为究系何种解释方法优先应结合特定情境进行衡量与平衡。具体而言，即从法律的确定性出发，文义解释与主观目的的解释往往具有优先性，但是形同原则碰撞一样，法律解释方法之间碰撞所形成的优先性仅仅是相对的。换言之，如果有充分理由证明其他解释方法具有优先性，则前述的优先性可被推翻。[②]

　　管见以为，法律解释在法律决定合正义性之审查的作用，主要体现在法官所采取之解释方法是否有利于实现裁决的可接受性。然而，实务中法官往往不仅使用一种解释方法，而是各种方法混杂其间；又，各种法律解释优先性在个案中的确立具有相对性，且无论是拉伦茨一般的优先位阶还是阿列克西相对的优先位阶，其明显的作用主要体现

---

① ［德］卡尔·拉伦茨著，陈爱娥译：《法学方法论》，商务印书馆 2003 年版，第 219-221 页。

② ［德］阿列克西著，舒国滢译：《法律论证理论——作为法律证立理论的理性论辩理论》，中国法制出版社 2002 年版，第 308-309 页。另参见王夏昊：《法律规则与法律原则的抵触之解决——以阿列克西的理论为线索》，中国政法大学出版社 2009 年版，第 268-271 页。

在法律决定的可预测性。法律解释的合正义性才直接导向法律决定的可接受性，而法律解释合正义不在于其以哪个因素考量为先或为主，而是取决于个案中的法律解释尽可能多地获得法律解释诸要素的支持。因此，对法律决定可接受性的审查而言，分析法律解释所考量的主要因素对法律决定之审查比笃力确立相对的优先性方法更具有价值。根据各因素在解释上的主要功能，有论者将之分为"范围性因素""内容性因素""控制性因素"逐一阐释。① 本文采行之。

　　一方面，范围性因素由文义因素与历史因素构成，前者旨在将法律解释的范围圈定于可能的字面含义；后者则将历史上立法者之意思作为限定解释之范围。而超出二者范围的则被认定为法律补充。如我国原《民法通则》§59-1 并未明确限定显失公平规范中判断公平与否的时间节点，因此理论上应该可适用于合同的整个生命过程。换言之，对于合同成立之后所发生的显失公平情势，通过解释仍有显失公平规范适用之余地，以承担情势变更原则缺失时处理合同成立后的公平性问题。② 然而我国原《合同法》§54-1 则明确规定，显失公平须发生于"订立合同时"，方得主张变更或撤销。在可能的文义范围内，原《合同法》中关于显失公平规范则不应扩张适用于合同订立之后所产生的不公平结果情形，而是有其他规范担其责。③ 同样，公序良俗原则在遗嘱纠纷中的适用也需要经受范围性因素的检讨。我国《民法典》第八条规定："民事主体从事民事活动，不得违反法律，不得违背公序良俗。"将公序良俗原则置备于总则编具有统领所有法律行为内容的功能，遗嘱行为自不例外。而且从比较法发展历史来看，遗嘱领域违反公序良俗之典型形态涉及性道德，如果行为人设立遗嘱的行为与性道

---

① 参见黄茂荣：《法学方法与现代民法》，法律出版社 2007 年版。
② 我国学者梁慧星教授即持此观点，认为在情势变更原则还没有正式为民法典接受之前，对于合同成立后所发生之显失公平情势，可适用显失公平规范处理。参见梁慧星：《民法总则》（第四版），法律出版社 2011 年版，第 203 页。
③ 此处所指其他规范即"情势变更"。参见最高人民法院《关于适用〈中华人民共和国合同法〉若干问题的解释（二）》（2009）第 26 条。

德无涉，则公序良俗原则不宜蛮横介入，以免戕害私人自治的私法精义。显然，范围性因素可以为法律规范适用的寻找指明方向，倘裁判适用公序良俗原则显然超出了其于立法上已明确之范围，则为法律适用之错误，其法律决定自难为社会一般公众所接受。

另一方面，范围性因素可以确定法律规范选择的问题，但是无法解决公序良俗原则适用后解释结果正当与否的问题，而结果正确与否的检验由"内容性因素"与"控制性因素"完成。①"内容性因素"系进一步界定规范之具体内容，主要由"体系因素"与"目的因素"两部分构成。就体系因素而言，要求法律解释应当考量到每一个法律规范与体系之间相互关联、相互制约，法律解释之结果当确保体系内无矛盾的一贯性。就公序良俗原则适用的法律决定之检验而言，体系因素的重要功能之一即尽可能避免或排除法律秩序中常以"价值判断矛盾"为表现形式的体系违反。如在涉及公序良俗原则的遗嘱纠纷案件中，往往存在适用根据意思自治原则所导出的"遗嘱有效，应当恪守"的法效果，同时存在着公平原则、公序良俗原则支撑下控制合同结果的公平性与社会妥当性。此时，体系因素在法律解释中异常重要。倘将公序良俗原则理解成合同自由之维护配置，那么将出现"自由优于公序"之结论，倘以之为限制合同自由之制度则出现"公序优于自由"，此时，公序良俗原则之适用具有正当性。就目的因素而言，实务中由于价值标准不一，往往发生仁智各见的情形。尤其在未有成熟类型化与具体化之遗嘱纠纷场合，控制价值判断之正确性更显困难。目的因素导向的解决方案则为通过了解事物性质，实现对案涉要素的进一步了解，同时探究案涉人员及相关研究人员之意见以形成共识。据此共识做出决定，由于系基于智者、大众、当事人之共识，依据当时之特定条件所做出的最大合理性决定，其纵使非最正确者，但对于当

---

① 参见黄茂荣：《法学方法与现代民法》，法律出版社 2007 年版，第 342 页。

事人而言仍为可接受之法律决定。①"控制性因素"主要系"合宪性因素"，旨在确保法律解释之结果不悖于宪法所宣示的基本价值。就公序良俗原则之适用而言，法官尤须考量基本权利对其自由裁量权之限制。如当法官将公序良俗原则优先于意思自治原则，而引入公序良俗原则否认了遗嘱之效力，使得当事人依法做出的遗嘱所享有之宪法上保护的财产权遭受侵害，此时，当事人享有宪法上的请求权，要求法官尊重此一基本权利。再如，行为人在遗嘱中将财产赠予继承人以外的第三人，但未充分尊重抚养人或赡养人等利害关系的利益，倘法官衡量后认为系当事人真实意思表示而怠于干涉，则可能有违宪法上对公民（弱势者）生存照顾之规定。这关涉到违宪审查的理论与实践，未免离题太远，此处仅提出合宪性控制的可能选项，兹不赘述。

（二）法律决定检验与法源

法源，从不同视角观察分为不同层次，如政治经济力量、人们对法的确信、立法行为、立法机关之决议、有权机关所制定之规范等。②但是这些政治学、社会学、法哲学、权力区分等视角来界定的法源与本章所分析的法律决定可接受性检验悬隔颇远，本章以探讨公序良俗原则与遗嘱自由原则碰撞中具体化适用为主题，因此采用论者从法律的适用或证成角度对法源概念的理解。法的渊源即根据特定法律共同体一般所承认的规则，能够被用来作为解释的或特定法律决定的大前提（法律规范）的证成基础的每一个理由。③ 在检讨一个法律决定正当性之时，倘形成法律决定过程中的判断或命题获得尽可能多的不同类型法源的支持，则其正当性程度更高，其武断性与非理性的成分也随之更少。反之亦然。显然，作为法律决定理由的法源根据不同类型，其说服力与权威性均有差别。换言之，不同类型法源的采用对法律决

---

① 参见黄茂荣：《法学方法与现代民法》，法律出版社 2007 年版，第 353 - 354 页。

② 参见黄茂荣：《法学方法与现代民法》，法律出版社 2007 年版，第 3 - 4 页。

③ 参见王夏昊：《法律规则与法律原则的抵触之解决——以阿列克西的理论为线索》，中国政法大学出版社 2009 年版，第 272 - 273 页。

定正当性支撑的强弱不同。鉴于此，欲寻求法律决定的正当性，最好是能让其获得所有类型法源的支持。但是，不同法源针对同一案件事实或有矛盾之可能，此时需要决定不同法源之优先性；抑或不同法源对判决或某个命题之重要性不同，此时也需要对采用何种法源做出选择。为便于说明法源对法律决定之重要性，笔者借鉴佩切尼克（Peczenik）对法源之分类法：必须的法源、应该的法源、可以的法源。①"必须的法源"主要指立法机关所制定或认可之法律规范，如宪法、法律、行政法规、条约等。"应该的法源"相较于必须的法源对于法律使用者而言系一种弱意义上的义务，也即倘法律适用者决定不引用"必须的法源"，那么其应该举证证成这种取舍的正当性。"可以的法源"指对于引用与否，法律适用者有裁量之自由，如判决、法理、道德、政策等。如何使得法律规范的适用能满足法律决定可接受性的需求，其实在前述法律解释中已有阐明，因为法律解释主要系指法律适用者探究规范的妥适内涵从而适用于具体的个案，以将正义挹注于人们具体的生活中。因此，此处主要以判决为例阐述"可以的法源"在法律决定可接受性实现上的功能。

判决在法律决定可接受性审查中的作用，主要源于其事实上的拘束力。虽然在欧陆法系国家，判决仅仅是法院针对个案所做之决定，不具有创设一般性规范的效力，但是基于正义所要求的"类似案件类似处理"，判决先例往往会成为后续类似案件裁决的重要参考。甚至，为诉讼经济的考量，一个合正义性要求且详尽说理的先例判决可为法律适用者减负。通常，法律决定所获得先例判决所支持的规模越大，其可接受性程度越高。但是，与法律解释之方式、法源的位阶属性一样，判例也有其不同类型并因此类型之区分而有不同说服力。在判断法律决定可接受性时，需要审查裁决中所引用之判例或否定之判例的

---

① 关于此分类的具体阐释，参见王夏昊：《法律规则与法律原则的抵触之解决——以阿列克西的理论为线索》，中国政法大学出版社 2009 年版，第 280 - 281 页。

说服力问题。如我国涉及显失公平规范适用的判决中，就类似案件有不少适用单一要件，适用二要件者也不乏。倘法律决定采撷其中之一，则需要探究两判决先例之优先性，从而做出可接受性程度相对较高的裁决。从判决说服力权威属性来看，往往审判级别越高的司法机关所做或所认可之判决具有更高的权威性。换言之，引用审级相对较高的法院做出或认可的判决将能确保法律决定的可接受性更高。需要指出的是，判例之拘束力并不在于判例本身，而在于法律被正确地理解及妥适的具体化。① 正是由于判决与现行法相符，所做之解释中肯，裁判之个案见解才原则上应当是适用于类似判决。② 因此，倘一个新判决与判决先例法律见解相左，并不能因此断定其必然不符合公正性的要求，而是应考查其是否与现行相悖及尽可能地履行说理论证的义务。③ 当这种类似案件之法律决定不一致情形发生于不同审级之间，往往引用与审级较高法院之判决一致之法律决定将更可能满足正当性要求。倘类似案件的法律决定之不一致发生于同一法院或同一审级之法院，那么判决的时间成为重要考量因素。诚如论者指出，离现代社会越近之判例所提供的理由的支持程度更强。④ 然而，判决先例作用的发挥离不开法教义学的作用，由法律人所构建起来的法教义学通过解释、适用、评价法律，甚至是在没有成文法的情况下独自创设法律等活动来保持法律体系的开放性将个案纳入被规范之射程，⑤ 进而因应个案情势获得妥当性的法律结果。

---

① 参见杨仁寿：《法学方法论》，中国政法大学出版社 2013 年版，第 280 页。
② 参见黄茂荣：《法学方法与现代民法》，法律出版社 2007 年版，第 447－448 页。
③ 参见［德］阿列克西著，舒国滢译：《法律论证理论——作为法律证立理论的理性论辩理论》，中国法制出版社 2002 年版，第 341 页。
④ 参见王夏昊：《法律规则与法律原则的抵触之解决——以阿列克西的理论为线索》，中国政法大学出版社 2009 年版，第 296 页。
⑤ 关于法律人尤其法学家在法源体系化、统合法律等方面之作用，参见桑德罗·斯奇巴尼著，翟远见译：《罗马法在当代的用途之探讨》，费安玲主编：《学说汇纂》（第四卷），元照出版有限公司 2012 年版，第 82－101 页。

　　总之，诚如论者指出的，仅仅凭借立法无法满足公民要求法律具有高度的确定性和可接受性的要求。① 法律决定的可接受性也无法仅取用法律规范这一单一法源。在公序良俗原则这类不确定法律概念之具体化适用则更是如此。除权威性的法律规范外，法律适用者一来应尽可能为法律决定寻找判决、法理、学理、道德等理由的支持；二来在舍弃必须的法源场合，应当提供正当性论证。如此，方能在最大程度上实现法律决定可接受性的目标。

　　（三）法律决定检验与法院权限

　　公序良俗原则具体化适用需待法官在个案中价值补充以实现其规范功能，作为"授权补充的漏洞"，立法者赋予法院以价值补充之权力。但法律之任务在"帮助人类将正义实现到其共同生活中"，建立并维持共同生活的和平秩序，而各方利益冲突之必然性往往打破这一秩序，通过规范产出来重建秩序成为和平秩序实现的基本诉求。立法在利益衡量上的无为，使得司法肩其责。换言之，法律漏洞补充不仅是司法机关的一项权力，更是一项当仁不让的义务。② 公序良俗原则与遗嘱自由原则发生冲突时的适用选择也即司法机关"行使前述权力"与"履行前述义务"的过程。终局性的法律决定可接受的检验需要考量其是否僭越了此一权力及是否适切履行了此一义务。

　　根据现代宪制权力分立之模式，立法机关负责法律之制定，而行政机关与司法机关应分别在依法行政与依法裁判之约束下执行法律。然而，一方面，规范有限而人事无穷，立法机关无法在经验上、技术上对被规范之事实做巨细靡遗之安排，民主社会立法机关往往是讨价还价式的利益博弈模式，也意味着及时因应时势制定具体规定，立法机关力不从心。另一方面，由于法律规范语词的多义性或不周延性，使得只有经由法律解释或法律补充方能获得妥适的法律规范内容。解

---

① Peczenik, *On Law Reason*, Kluwer Academic Publishers, 1989, p. 328.
② 参见黄茂荣：《法学方法与现代民法》，法律出版社 2007 年版，第 442－443 页。

决规范供给不足的立法技术之一，即不确定法律概念的使用。"公序良俗"概念的引入即这一技术的典型代表。公序良俗由于不具有明晰文义，甚至可以说其适用之过程，即法律解释与法律补充并生之过程。①这无疑对权力分立的制度构成挑战，依据对宪制价值的违反所做出的法律决定自然难谓正当，因此，有必要厘清司法机关在法律补充中的权限为法律决定的审查提供参酌依据。立法机关与司法机关在立法权上的划分，从表面来看，这显然违背权力分立的体制。然而诚如论者指出的，在宪法直接性原则适用于政治体制之后，立法机关所享有之立法权由原来的专属立法权转变为现在的优先立法权。司法机关则分得立法领域的一杯羹：候补立法权，即根据个案在必要时导出立法机关未制定的规范。②正是这一优先关系，要求法官在原则冲突法律适用过程中，衡量公序良俗原则与意思自治原则之重要性及找寻优先条件之际应当优先穷尽立法上肯认的考量因素，如遗赠行为的性质、遗嘱目的等，必要时引进法外的规范与标准。总之，现代立法机关与司法机关之功能，专属的立法权转变现在优先的立法权，而司法机关则在理论与实践上取得针对个案所行使的候补的立法权。公序良俗原则介入遗嘱之审查即司法机关在个案中行使此候补的立法权的表现，法律决定正当性与否须考查司法机关是否僭越了这一"候补"地位而侵犯了立法机关的优先立法权。

二、法律决定检验可裁量的后果

"相同案件，相同处理；不同案件，不同处理"是正义的基本要求。当考查公序良俗原则否认遗嘱效力的适用结果是否合正义性要求时，最明确的参考标准无疑即此正义的要求。换言之，倘个案之法律

---

① 黄茂荣先生指出，在法内漏洞情形，其找法的活动事实上处于法律解释与法律补充的交集地带。参见黄茂荣：《法学方法与现代民法》，法律出版社 2007 年版，第 447 页。

② 参见黄茂荣：《法学方法与现代民法》，法律出版社 2007 年版，第 456 - 457 页。

决定显示其与类似判决先例见解相左，则或有违反正义要求之虞。这一正义的要求在法理上往往被称为"平等原则"。因此，平等原则成为检验公序良俗原则与遗嘱自由原则碰撞中适用结果妥当与否的标准。倘符合平等原则，则往往做出合正义性的评价；倘背离平等原则，则有背离正当性之虞，当做进一步审查。管见以为，平等原则系因其简单明了便于操作而成为法律决定检验的主要标准。实质上判定法律决定可接受性的，是考查该法律决定是否与现行法相吻合，是否实现了将正义体现于人们共同生活的法律目的。兹分述法律决定两种可能的裁量结果如下：

（一）法律决定符合正当性要求

诚如前述，公序良俗原则属于立法上"授权补充的漏洞"，立法机关将规范意旨的探究与具体化任务交由司法机关来完成，即肯定了"法官造法"的正当性与必要性。但是，此处所造之法从来不是终局的且可以一般地适用于一切案件的"法"，而是为处理待决纠纷的个案规则，乃法官的法律见解，尚不具备普适性的性质。因此，有论者称这种"法官造法"为"造法的尝试"。① 但是，倘历经上述环节之审查，依据个案规范所做之法律决定满足合正义性，即能为伦理认识水平参差不齐的社会公众基本接受，那么法官在此个案中的法律见解或许将超出个案之范畴。此即判决在事实上所享有的法律效力。以我国为例，由于审判监督、上诉等存在，法院一般会参酌上级法院关于类似案件的裁决，尤其是最高人民法院的判决态度。而最高人民法院也倾向于自己先例判决之意见。这些合正义性法律决定在实务中的积累，将为公序良俗原则审查遗嘱内容议题在个案中构成要件与法律效果的确定提供基本支撑。换言之，其实，这些合正义性判决将成为司法类型化，甚至立法类型化的宝库。裁判过程中的类比推理在此环节将具有重要意义，通过分析案件核心要素的相同点与不同点，将关于公序良

---

① 参见黄茂荣：《法学方法与现代民法》，法律出版社 2007 年版，第 447 – 448 页。

则否认遗嘱效力的法律决定进行分类整理，提炼不同类型法律决定的构成要件与法律效果，进而完成质的分类。由于经济社会实践的无穷，可以说这是一个没有终点的过程。我国最高人民法院不定期公布指导性案例、典型案例或经典案例，其实为分类的工作提供了相对权威性的案例储备库，经由其所公布之案例，无论是属于哪一审级，往往可以看作最高司法机关之态度。①

这种肯认判决先例之类似法规范效力及类型化的工作，对于法律决定目的之实现具有重要作用。其一，法律确定性得到维护，对将来判决具有指引作用。其二，节制功能，各级法院所公布之判决先例，不仅为其自身或下级法院裁判法律适用之准绳，而且可为其他地域法院之参考。尤其最高司法机关所公布的案例，其指导效力更是具有全局性。如我国最高人民法院公布的指导性案例，其垂范作用不容小觑。其三，诉讼经济之考量：一方面在市场交易过程中，人们往往取法判决先例而从事交易行为，判例可以调整人们行为，促成其合理安排自己的生活并提供合理预期。另一方面，面对类似的待决纠纷，法院也得减轻说理论证的负担。②

基于此，管见认为，为克服我国目前以公序良俗原则否认遗嘱效力的实务中，适用要件模糊不清、定位暧昧不明、说理流于形式等问题，尽快以公报的形式公示实务中符合正当性要求的公序良俗否认遗嘱效力的判决实乃当务之急。法院或学界则借用类比的思维，从案例中提炼类型质的区别，爬梳确定的构成要件与法律效果的内容，从而为下一步法律翻修储备资料。或可说，在寻求公序良俗原则与遗嘱自由原则

---

① 关于司法实践在弥补法律漏洞、厘清法律不确定性之作用及其对立法的给养之论述，参见费安玲：《论我国民法典编纂活动中的四个关系》，《法制与社会发展》2015年第5期，第106页。
② 当然也有论者提出，判决毕竟非正式的法源，纵使其有指引后来判决之作用，但法院在实务判决中不论采撷判决先例之法律意见与否均得有详尽的说理。参见黄茂荣：《法学方法与现代民法》，法律出版社2007年版，第449-450页。

碰撞中和"正派的价值判断"之过程中，法学家肩负主导性的责任。[1]

（二）法律解决背离正当性要求

倘法律决定违背平等原则，类似案件做出不同处理，则其存在违背正当性的可能。一方面，法律决定背离正当性首当其冲的当属当事人。因此，当事人可以通过既有的审级制度及诉讼程序对这种非正当性发起挑战。另一方面，违背平等原则也是对法律秩序的破坏。因此，公权力机关的控制行动责无旁贷。当然，根据不同的政治体制与宪制之设计，公权力机关之分工多有不同，此处以一般的三权分立体制阐释之。就立法机关而言，其在成熟案例群之基础上进行立法类型化工作时，应当特别审慎。对于那些法律决定背离正当性要求的案例群，不能因为其成熟且构成要件化等因素即予以认可。而且，如有必要应直接以立法之形式行使对个案之监督。就司法机关而言，应拒绝参酌这样的先例，而且应当赋予完备的说理论证，从而事实上否认背离正当性的先例裁决所具有的事实上法律拘束力。由此在新的案件中确立合正义性法律决定的推理前提成为以后类似案件裁判的参酌起点。而且应当在现行法律体系下启动审判监督与再审程序，从而矫正非正当性的判决以实现对当事人的救济。

需要指出的是，与判决先例相悖的法律决定并非必然背离正当性要求。诚如前述，毕竟公序良俗适用过程中的个案规范仅仅是在特定情况下公序良俗原则较意思自治原则（遗嘱自由）具有"条件式优先关系"才有裁判效力。时移势迁，本就不具有明晰内涵与外延的公序良俗必然因时而变，公序良俗原则在与意思自治原则的博弈过程中其重要性也随之此消彼长。曾经认为是违背公序良俗原则的遗嘱行为可

---

① 论者认为法学家像过滤器，将当事人没有明确表述但是根据诚实信用原则对合同关系的解释应当存在的一些附属新的给付内容进行补充与调整，法学家在判定正派的人如何行为、什么才是做事正派的价值判断，最终实现基本原则具体化方面功不可没。参见里卡尔多·卡尔迪利著，陈汉译：《中国法中的罗马法诚实信用：问题与展望》，费安玲主编：《学说汇纂》（第一卷），知识产权出版社2007年版，第109—124页。

能到今天已经为社会风俗所接受。质言之，先例法律决定中所采行的法律意见，纵使当时情境下是合正义的，但法官仍得因应时势而做出修正。做出相异的法律决定并不必然与正当性相左。

总之，如果法律决定经审查被认定为符合正义性要求，那么随着类似裁判的积累，可以通过类比的方式完成性质上的分类，形成相对比较成熟的具体化类型，这样可以在今后类似待决纠纷中减轻法官说理之义务。待这些成熟的具体化类型符合构成要件化、法律效果明确化要求后，则可尝试入法之可能，以完成此一造法尝试的终局性立法程序。当然，法律决定合正义性并非要求以后的类似案件必须亦步亦趋采用判决先例之法律见解，而应容许有不同决定之出现。但此时，需要格外关注其针对个案特性所做的说理论证是否充分，否则，对判决先例法律见解之否定将面临质疑甚至被宣布违反法律。如果经审查之法律决定被认定为悖于合正义性要求，或者与之前的类似判决意见相左，此时应当在细致审查法官的说理义务之后，启动纠偏的程序。

本章小结

类型化无疑在推进公序良俗原则具体化上功不可没。一方面，针对某些成熟案例群，类型化可以在一定程度上实现案例处理的"构成要件化"，从而通过立法者将之成文法化，其表现形式为列举性法条或特别规范。另一方面，由于公序良俗原则构成要件无法明确界定，内涵与外延均不清楚，甚至不具有可能的文义，其据以裁判之标准需要法官以摸索的方式逐步演进，通过个案循序澄清其内涵。尤其对于新出现之案例类型，立法者更是无法预料或虽然有预判仍然无能为力。因此，一般条款给出的是极为抽象的框架，授权法官价值补充以实现具体化。在遗嘱继承纠纷中，面对行为人的遗嘱行为，究竟是基于意思自治原则而肯认其效力，还是以公序良俗原则为依据介入具体内容的审查，需要围绕个案在意思自治原则与公序良俗原则之间做出权衡。

但是，要规避类型化所天然具备的类似成文法局限之困局，无论是立法类型化与司法类型化最终皆无法回避价值补充的问题，或者说，舍价值补充，则类型化跛脚。二者的紧密配合才能勉强维持抽象规范在具体化过程的微妙平衡。类型化只是在一定的时间段就一定的案例类型实现了抽象规范的具体化适用，一定程度上延缓了法官价值补充的介入。因此，这种回到抽象规范适用困境的"原点"——价值补充的方法问题并未真正解决。

管见以为，抽象规范与被规范之事实，囿于二者之间存在遥远的距离，其灵活性的代价是降低规范效率（ineffective）以及法官自由裁量对法治基本要求（法的可预测性）的紧张关系。具体化路径的寻找其实就是寻找拉近抽象规范与事实之间距离的尝试，其间的核心问题即如何实现价值判断不是"根据某些熟悉的标准和序号非反思地进行"，[①] 而是按照规则进行的理性过程。换言之，即权衡模式的精确化。通过上文的分析，不难发现，涵摄方式适用模式的基本要求，作为大前提的法律规范，内涵清晰，外延确定，或者至少可以通过法律解释探知妥适的规范内容。然而，公序良俗原则显然不具备这一基本要求，它以不确定性法律概念为核心构成，甚至难以揣度其可能的文义。试图遵循涵摄模式的路径解决其适用的问题，不能说是徒劳，但至少难谓根本解决之道，或者说在解决疑难案件问题上难以令人满意，或者无法真正控制法官的自由裁量权。因此，从司法适用的视角来看，公序良俗原则的适用方式取决于衡量模式。阿列克西曾将考夫曼关于法律推理的四分法比喻成演绎是女仆，类比是国王，归纳是勤劳的大臣，设证是前驱的骑士。[②] 综上所述可知，在笔者所构建的公序良俗原则适用方案中，权衡是国王，类比是勤劳的大臣，演绎是女仆。在关涉公序良俗原则适用的遗嘱纠纷案中，首先，通过权衡的方法确立个案中所涉及的善良风俗和与其相竞争的价值之间的条件性优先关系，形成个案规则。其次，借用演绎（三段论）得出法律决定。最后，用

---

① 参见［德］哈贝马斯著，童世骏译：《在事实与规范之间——关于法律和民主法治国的商谈理论》，生活·读书·新知三联书店2003年版，第320页。

② 参见雷磊：《法律推理基本形式的结构分析》，《法学研究》2009年第4期，第21页。

类比来补强权衡结果的正当性理由及协助立法类型化的抽象工作。

对于大陆法系法官而言，法律规则适用方式——涵摄——因其程式化，使得自由裁量权之空间非常狭小，从而确保了立法者意志的实现，法的确定性也由此得以保障，法官也得益于立法的权威性而省去不少理由的说明。那么，要想实现显失公平规范这类抽象规范之适用方法——衡量，则具有涵摄保障法的确定性这一功能，唯有将衡量也建构出类似精确化适用路径方能真正实现。关于价值衡量规则的探讨，自利益法学兴起以来，一直是法学方法论研究的主要课题之一。拉伦茨较早提出过利益衡量的具体化步骤，诚如前述分析，其仍停留在初始化阶段，最终完成衡量模式程式化任务的是阿列克西。阿列克西建立在原则与规则区分基础上的法律原则理论提供了一条衡量价值判断的精确化路径。概言之，以"碰撞律则"导出特定优先条件下的个案规则，以"衡量律则"实现条件优先关系寻找的可审查性。"碰撞律则"展示了阿列克西原则碰撞理论的精髓及原则适用的全过程。鉴于"衡量律则"在具体要素如何赋值、抽象重力的大小比较、原则受损害程度与碰撞原则之满足程度能否通约等理论的难题，因此本章试着借鉴阿列克西个案规则导出的"碰撞律则"及论证思路，而从功能主义的视角出发，拆分"衡量律则"各部分来实现显失公平规范具体化适用过程中价值判断客观化的难题。

综上以观，权衡法则的使命是找寻优先性条件，其核心诉求是实现找寻结果的可预测性与可接受性。找寻过程中的三大组成部分，"实质的衡量律则"旨在比较碰撞原则之间受影响程度与满足的程度，从而确立何者优先。阿列克西通过赋值的方式试图实现这一比较结果乃有章可循的过程，但给原则赋值、通约存在诸多现实障碍，因此本章采用"事物本质"探究的方法来完成这一比较的过程。"认识论的衡量律则"究其实质旨在论证原则重要性比较之结果具有正当性的基础。其最终目标或说功能乃实现法律决定的可接受性。管见以为，此功能可遣至具体化适用结果之审查中来实现。换言之，以法律决定的审查置换"认识论的衡量律则"来完成正当化比较结果的任务，从而确保法律决定的可接受性。鉴于在遗嘱纠纷中，公序良俗原则的具体化适用，主要围绕遗嘱自由原则与公序良俗原则之间的碰撞展开，属于阿列克西所界定的抽象重力相同可以约去的均衡结果，因此本章对"抽象重力"在具体化适用中的作用忽略不计。通过对"碰撞律则"的借鉴及"衡量律则"的重新编遣实现公序良俗原则与意思自治原则衡量比较的精确化，使得抽象规范的具体化适用不再是天马行空的私欲恣意而是有章可循的理性过程。这样，不确定法律概念的具体化适用中司法自由裁量的空间被压缩，而理性权衡的分量得以加码。最终，实现法律决定可预测性与可接受性这一正义的诉求。

《法国民法典》第 1134 条："依法成立的契约对缔约当事人双方具有相当于法律的效力。"直接赋予民事主体之约定以强制力，将个人意思置于公共权力的位阶，意思自治原则的定位无形流落。① 当立法者将这一私法自治理念注入伦理色彩浓厚的继承领域时，为防止其如洪水泛滥，未雨绸缪地设计了一个个限制遗嘱自由的法律装置。毕竟诚如黑格尔所言，遗嘱依个人意志处理财产，其中有很多偶然性、任意性、追求自私目的的企图等因素在起作用，承认有权任意订立遗嘱，很容易造成伦理关系的破坏。遗嘱自由应当受到严格的限制，以免破坏家庭的基本关系和违反家庭的实体性法律。死者的遗嘱之所以得到承认，也是因为家庭对已死家庭成员的心爱和崇敬。② 立法者虽然未必完全将遗嘱自由受限之必然性建立在黑格尔所说的家庭伦理上，但是立法者在肯认遗嘱自由这一自治法性格的同时，也预设了其不完满的可能性以及对法秩序的可能伤害。诚所谓，自由的悖论恰恰在于，自由的保障来自对自由的限制。

我国现制对遗嘱自由之限制主要由形式要件之控制、实质要件之规制构成，但实务操作却不尽如人意。尤其是当公序良俗与遗嘱自由在实务中相遇时，由于缺乏一个可视化的证成方案，使公序良俗这一

---

① 参见尹田：《法国现代合同法》，法律出版社 1995 年版，第 13 页。

② 虽然黑格尔不惜以家庭成员的心爱与崇敬作为遗嘱被法律承认的关键，与他美满的家庭生活不无关系，但确定无疑的是，家庭伦理与社会秩序是法律在评价遗嘱时所必须考虑之因素。参见［德］黑格尔著，范扬、张企泰译：《法哲学原理》，商务印书馆 1996 年版，第 191－192 页。

阻却私法自治之利器很大程度上付诸司法官的主观臆断。司法官恣意的悲剧将使法律体系之稳定性面临崩塌的风险。作为"确定性命令"的规则，其法效果的可预测性很好地吻合了法体系的稳定结构，但无法及时回应层出不穷的经济社会生活，故，司法官需要偶尔就教于灵动的原则；然而，作为"最佳化命令"的原则，其"内涵的模糊性与适用的不确定性"往往稍有不慎就可能对法律体系的稳定性造成伤害。是故，在规则失语而原则必要的情形下，如何尽可能地规制司法官的自由裁量，使其主观臆断无用武之地成为困扰立法者与学界的难题，笔者以为，引入阿列克西原则碰撞理论来应对这个困扰有序法律运行的问题，或可为另一种可行之尝试。

笔者卑之无甚高论，只是在原则适用的旷野瞥见司法官恣意的端倪，试图找到一个规制之器。所幸，德沃金的"原则与规则区隔理论"① 导夫先路于前，卡尔·拉伦茨的"法益权衡"② 踵事增华于后，更兼阿列克西原则碰撞理论的修成正果，才有了笔者砖块拙文，延请方家不吝指正。

---

① Ronald Dworkin, *Taking Rights Seriously*, Harvard University Press, 1977; Ronald Dworkin, The Model of Rules, *The University of Chicago Law Review*, Vol. 35, No. 1, 1967, pp. 12 – 46.

② 参见［德］卡尔·拉伦茨著，陈爱娥译：《法学方法论》，商务印书馆 2003 年版，第 279 – 286 页。

结　　论

　　在私法自治之构建与翻修的洪流中，如果一定要说有什么千金不易的底线的话，那么应该就是对个体意志自由的坚守。作为财产转移方式之一种的遗嘱继承尤其如此。如何因时因地制宜地为深具身份法色彩的遗嘱自由树起适切之藩篱，一直是立法、司法及理论研究的话题。从本书第一章之梳理，不难发现，个人取得遗嘱自由以安排自己后事经历了漫长的艰辛历程，从初民社会绝对禁止到后来的适度松绑，再到近现代各国相继建立完备的相对遗嘱自由主义①。虽然自由之理念为理论与实务两界之共识，严复所论之"故曰人得自繇，而必以他人之自繇为界"的信仰更是为中西社会所笃信不疑。但是，对于"自由，多少人借你的名义行不义之事"的防免，却言人人殊。从人类历史的长流来看，自由被法律所"驯化"，可以不讳地说与自由本身是并驾齐驱的。诚如"各庄的地道都有许多高招……"② 一样，英美法系与大

---

① 一般认为大陆法系奉行相对遗嘱自由主义，而英美法系首肯绝对自由主义。这有点以偏概全的味道，因为纵使是誓死捍卫自由主义的英美，对遗嘱限制也是不遗余力的。如寡妇产、鳏夫产，支付津贴、家庭抚养义务等制度都与大陆法系"特留份制度"有异曲同工之妙。所以，无论大陆法系还是英美法系皆没有忽略对遗嘱自由之限制，二者并无"质"之差别，而仅在限制的"量"上有所高低。

② 电影《地道战》对白。

陆法系各国皆有自己的防免高招，本书第二章对各具特色的遗嘱自由限制制度的厘清，或可为制度嫁接提供一个选择的平台。

遗嘱自由限制制度的移植需要立法的导夫先路与本土化的漫长过程，所以，面对我国目前现制的不足，提出现有规制制度操作的细致化方法为更务实的选择。首先，从法价值的体系上，司法官面对自由与秩序、公平、效率等价值的冲突时如何在理性的指导下获得客观化的裁决对维护司法的权威、增强司法公信力具有重要作用。笔者笃信，凡理性的论证过程，必有利弊的衡量，换言之，即有经济分析的因子，所以试着导入经济分析的理论使价值的判断有个相对量化的判准。其次，从具体制度的适用上，尤其是公序良俗对遗嘱自由进行规制的实践中，囿于实务中大都公式化的适用而缺乏严密的论证，有时甚至直接舍弃规则而径行适用原则，使判决的说服力不免大打折扣。笔者经研究认为，引入阿列克西原则碰撞理论，使司法官在启动"公序良俗"这一限制闸门否认遗嘱自由时不致陷于恣意，获得相对客观化的判决。面对个案，司法官应优先考量法律规则之具体规定，唯有当适用规则之效果导致严重损伤社会正义之时，方转向原则之衡酌。司法官的谦卑之心，而不是恣意将更有利于维护法治的权威与法律体系的稳定。

有人用"过去人"定性司法者，"现在人"定性行政者，"未来人"定性立法者。[①] 这凸显了司法者对成文法的敬畏与被动，但是如果没有一套缜密的操作技术，"未来人"的高瞻远瞩能否实现，不免令人狐疑。而且面对卷帙浩繁的案件，司法官首先离不开以法律为中轴的"自转"，毕竟离开了法律规则，司法官将失语；但是最客观中立的司法官亦无法绝对不食人间烟火，所以审慎地调和好审判工作参与社会"公转"乃不可回避之事。司法官无论是"自转"还是"公转"，其所仰仗的工具当然是判决，而判决是伦理认识水平参差不齐之人基本接受的不二法门即说理论证的充分性，尤其是在法价值的衡酌与原则碰撞的情形下。鸟瞰我国遗嘱继承纠纷实务，不难发现：规范适用

---

① 苏永钦：《寻找新民法》，北京大学出版社 2012 年版，第 29 页。

棘丛中的窘境，不仅来自制度的诱因，更有适用技术拙劣之因素。阿列克西的原则碰撞理论为遗嘱自由滥用的闸门之一公序良俗原则的适用提供了一条客观化的论证思路，使裁判的过程更加理性、客观，有说服力。

以民法的自治法性格而论，立法者在赋予遗嘱以法律生命之时，即铺设了"遗嘱生而自由，但无往不在枷锁之中"的管线。至于究竟如何打造遗嘱自由的"枷锁"，横贯中西，纵观古今，其样式与重量何如，却鲜有一劳永逸之计。毋宁说其是一个永远未完成的过程，"枷锁"随着经济社会实践变迁而日益形塑自身的时代内涵。自由与限制之间的博弈征程长路漫漫，现在才刚走完一里路，仍需继续踏上行程。

参考文献

一、中文著作

陈棋炎：《亲属、继承法基本问题》，三民书局 1980 年版。

陈棋炎、黄宗乐、郭振恭： 《民法继承新论》，三民书局 2019 年版。

陈朝璧：《罗马法原理》，法律出版社 2006 年版。

陈甦主编：《民法总则评注》（下册），法律出版社 2017 年版。

陈苇主编：《外国继承法比较与中国民法典继承编制定研究》，北京大学出版社 2011 年版。

陈自强：《契约之成立与生效》，学林文化事业有限公司 2007 年版。

陈卫佐：《德国民法总论》，法律出版社 2007 年版。

程维荣：《中国继承制度史》，东方出版中心 2006 年版。

陈允、应时：《罗马法》，商务印书馆 1931 年版。

戴东雄：《继承法实例解说》，三文印书馆有限公司 1983 年版。

段伟伟：《遗嘱自由与限制研究》，法律出版社 2019 年版。

费安玲：《罗马继承法研究》，中国政法大学出版社 2000 年版。

费安玲主编：《罗马私法》，中国政法大学出版社 2009 年版。

费安玲主编：《学说汇纂》（第三卷），知识产权出版社 2011 年版。

费安玲：《民法总论》，高等教育出版社 2007 年版。

郭明瑞、房绍坤：《继承法》，法律出版社 2003 年版。

韩世远：《合同法总论》，法律出版社 2011 年版。

黄忠：《违法合同效力论》，法律出版社 2010 年版。

黄立：《民法总则》，中国政法大学出版社 2002 年版。

黄茂荣：《债法总论》，中国政法大学出版社 2003 年版。

黄茂荣：《法学方法与现代民法》，法律出版社 2007 年版。

何孝元：《诚实信用原则与衡平法》，三民书局 1977 年版。

胡长清：《中国民法总论》，中国政法大学出版社 1997 年版。

刘得宽：《民法诸问题与新展望》，中国政法大学出版社 2002 年版。

李彤：《19 世纪英美契约法的历史发展》，上海人民出版社 2011 年版。

李非：《富与德：亚当·斯密的无形之手——市场社会的架构》，天津人民出版社 2001 年版。

李宇：《民法总则要义》，法律出版社 2017 年版。

李永军：《民法总论》，法律出版社 2009 年版。

李开国：《民法总则研究》，法律出版社 2003 年版。

李岩：《遗嘱制度论》，法律出版社 2013 年版。

林秀雄：《继承法讲义》，元照出版有限公司 2019 年版。

刘耀东：《继承法修改中的疑难问题研究》，法律出版社 2014 年版。

刘春茂主编：《中国民法学·财产继承》，中国人民公安大学出版社 1990 年版。

梁慧星：《民法解释学》，法律出版社 2009 年版。

梁慧星：《民法总则》（第四版），法律出版社 2011 年版。

梁慧星：《中国民法典草案建议稿附理由：继承编》，法律出版社 2013 年版。

龙卫球：《民法总论》，中国法制出版社 2001 年版。

彭万林主编：《民法学》，中国政法大学出版社 1999 年版。

冉克平：《意思表示瑕疵：学说与规范》，法律出版社 2018 年版。

谷春德、史彤彪：《西方法律思想史》，中国人民大学出版社 2006 年版。

郭建：《獬豸的投影——中国的法文化》，上海三联书店 2006 年版。

何勤华、李秀清：《外国法与中国法——20 世纪中国移植外国法反思》，中国政法大学出版社 2003 年版。

何勤华、魏琼主编：《西方民法史》，北京大学出版社 2006 年版。

刘瑜：《民主的细节》，上海三联书店 2011 年版。

马小红、姜晓敏：《中国法律思想史》，中国人民大学出版社 2010 年版。

史尚宽：《继承法论》，中国政法大学出版社 2000 年版。

史尚宽：《民法总论》，中国政法大学出版社 2000 年版。

苏永钦：《走入新世纪的私法自治》，中国政法大学出版社 2002 年版。

苏永钦：《民事立法与公私法的接轨》，北京大学出版社 2005 年版。

苏永钦：《寻找新民法》，北京大学出版社 2012 年版。

沈达明、梁仁洁：《德意志法上的法律行为》，对外贸易教育出版社 1992 年版。

佟柔主编：《中国民法学·民法总则》，中国人民公安大学出版社 1990 年版。

王伯琦：《近代法律思潮与中国固有文化》，清华大学出版社 2005 年版。

王利明：《合同法研究》（第一卷），中国人民大学出版社 2002 年版。

王泽鉴：《民法思维》，北京大学出版社 2009 年版。

王泽鉴：《民法概要》，中国政法大学出版社 2003 年版。

王泽鉴：《民法学说与判例研究》（第三册），北京大学出版社 2009 年版。

王泽鉴：《债法原理》，北京大学出版社 2013 年版。

王夏昊：《法律规则与法律原则的抵触之解决——以阿列克西的理论为线索》，中国政法大学出版社 2009 年版。

王卫国：《荷兰经验与民法再法典化》，中国政法大学出版社 2007 年版。

徐国栋：《民法基本原则解释——以诚实信用原则的法理分析为中

心》，中国政法大学出版社 2004 年版。

徐国栋：《民法典与民法哲学》，中国人民大学出版社 2007 年版。

徐国栋：《民法哲学》，中国法制出版社 2009 年版。

熊丙万：《私法的基础：从个人主义走向合作主义》，中国法制出版社 2018 年版。

于飞：《公序良俗原则研究——以基本原则的具体化适用为中心》，北京大学出版社 2006 年版。

杨立新主编：《继承法修订入典之重点问题》，中国法制出版社 2016 年版。

严厥安：《法与实践理性》，中国政法大学出版社 2003 年版。

尹田：《法国现代合同法》，法律出版社 1995 年版。

谢振民：《中华民国立法史》（下册），中国政法大学出版社 2000 年版。

张玉敏：《继承法律制度研究》（第二版），华中科技大学出版社 2016 年版。

张玉敏：《中国继承法立法建议稿及立法理由》，人民出版社 2006 年版。

张晋藩主编：《中国民法通史》，福建人民出版社 2003 年版。

张晋藩：《中国法律的解读与现代转型》，法律出版社 2009 年。

卓泽渊：《法的价值论》，法律出版社 1999 年版。

二、中文译著

［德］卡尔·拉伦茨著，王晓晔等译：《德国民法通论》，法律出版社 2003 年版。

［德］卡尔·拉伦茨著，黄家镇译：《法学方法论》，商务印书馆 2020 年版。

［德］卡尔·恩吉施著，郑永流译：《法律思维导论》，法律出版社 2014 年版。

［德］海因·克茨著，周忠海、李居迁、宫立云译：《欧洲合同

法》，法律出版社 2001 版。

［德］古斯塔夫·拉德布鲁赫著，舒国滢译：《法律智慧警句集》，中国法制出版社 2001 年版。

［德］梅迪库斯著，邵建东译：《德国民法总论》，法律出版社 2000 年版。

［德］罗伯特·霍恩、海因·科茨、汉斯·G·莱塞著，楚建译：《德国民商法导论》，中国大百科全书出版社 1996 年版。

［德］哈贝马斯著，童世骏译：《在事实与规范之间》，童世骏译，三联书店 2003 年版。

［德］迪特尔·施瓦布著，郑冲译：《民法导论》，法律出版社 2006 年版。

［德］雷纳·弗兰克、托比亚斯·海尔姆斯著，王葆莳、林佳业译：《德国继承法》（第六版），中国政法大学出版社 2015 年版。

［德］K. 茨威格特、H. 克茨著，潘汉典等译：《比较法总论》，贵州人民出版社 1992 年版。

［德］阿列克西著，舒国滢译：《法律论证理论——作为法律证立理论的理性论辩理论》，中国法制出版社 2002 年版。

［德］阿图尔·考夫曼著，吴从周译：《类推与"事物本质"——兼论类型理论》，学林文化事业有限公司 1999 年版。

［德］伊曼努尔·康德著，沈叔平译：《法的形而上学原理——权利的科学》，商务印书馆 1991 年版。

［德］伊曼努尔·康德著，孙少伟译：《道德形而上学基础》，中国社会科学出版社 2009 年版。

［德］耶林著，郑永流译：《为权利而斗争》，法律出版社 2007 年。

［古罗马］盖尤斯著，郑永流译：《法学阶梯》，中国政法大学出版社 1996 年版。

［古罗马］优士丁尼著，费安玲译：《民法大全·遗产继承》，中国政法大学出版社 1995 年版。

［法］爱弥尔·涂尔干著，汲喆、付德根、渠东译：《乱伦禁忌及

其起源》，上海人民出版社 2003 年。

[美] 博登海默著，邓正来译：《法理学：法律哲学与法律方法》，中国政法大学出版社 1999 年版。

[美] 伯尔曼著，贺卫方等译：《法律与革命——西方法律传统的形成》，中国大百科全书出版社 1993 年版。

[美] 霍姆斯著，冉昊、姚中秋译：《普通法》，中国政法大学出版社 2006 年版。

[美] 罗斯科·庞德著，沈宗灵译：《通过法律的社会控制》，商务印书馆 2010 年版。

[法] 孟德斯鸠著，张雁深译：《论法的精神》，商务印书馆 2012 年版。

[美] 萨维尔著，赵海怡、史册、宁静波译：《法律经济分析的基础理论》，中国人民公安大学出版社 2013 年版。

[英] 边沁著，时殷弘译：《道德与立法原理导论》，商务印书馆 2009 年版。

[英] S. F. C. 密尔松著，李显冬等译：《普通法的历史基础》，中国大百科全书出版社 1999 年版。

[英] 梅因著，沈景一译：《古代法》，商务印书馆 1959 年版。

[英] 约翰·穆勒著，严复译：《群己权界论》，上海三联书 2012 年版。

三、中文论文

陈显武：《论法学上规则原则之区分——由非单调逻辑之观点出发》，《台大法学论丛》2005 年第 34 卷第 1 期。

费安玲：《论罗马继承法中的"财产合算制度"及其对后世民法的影响》，《罗马法·中国法与民法法典化》，中国政法大学出版社 1995 年版。

费安玲：《1942 年〈意大利民法典〉的产生及其特点》，《比较法研究》1998 年第 1 期。

费安玲：《论我国民法典编纂活动中的四个关系》，《法制与社会发展》2015 年第 5 期。

范愉：《泸州遗赠案评析——一个法社会学的分析》，《判解研究》2002 年第 2 期。

房绍坤：《关于修订继承法的三点建议》，《法学论坛》2013 年第 2 期。

郭明瑞：《完善法定继承三题》，《法学家》2013 年第 4 期。

郭明瑞：《民法典编纂中继承法的修订原则》，《比较法研究》2015 年第 3 期。

H. J. 贝尔曼著，李焕庭译：《美国法律的历史背景》，《法学评论》1984 年第 3 期。

何海波：《何以合法？——对"二奶继承案"的追问》，《中外法学》2009 年第 3 期。

简资修：《科斯经济学的法学意义》，《中外法学》2012 年第 1 期。

李贝：《民法典继承编引入"特留份"制度的合理性追问》，《法学家》2019 年第 3 期。

林来梵、张卓明：《论法律原则的司法适用》，《中国法学》2006 年第 2 期。

刘克毅：《试论类比法律推理及其制度基础——以普通法的运作机制为例》，《法商研究》2005 年第 6 期。

雷磊：《法律推理基本形式的结构分析》，《比较法研究》2009 年第 4 期。

骆东升、刘耀东：《论遗嘱继承中的特留份法律制度》，《东北大学学报（社会科学版）》2013 年第 5 期。

马莉萍：《法律推理的逻辑形式与价值判断的和谐》，《法律方法》2002 年第 10 期。

麻昌华：《论法的民族性与我国继承法的修改》，《法学评论》2015 年第 1 期。

麻昌华、曹诗权：《共同遗嘱的认定与建构》，《法商研究》1999 年第 1 期。

彭诚信：《从法律原则到个案规范——阿列克西原则理论的民法应用》，《法学研究》2014 年第 4 期。

钱弘道：《法律的经济分析工具》，《法学研究》2004 年第 4 期。

孙良国：《论我国应建立特留份制度》，《法学论坛》2000 年第 2 期。

孙毅：《继承法修正中的理论变革与制度创新》，《北方法学》2012 年第 5 期。

王利明：《继承法修改的若干问题》，《社会科学战线》2013 年第 7 期。

王凤瑞、王丽萍：《我国姻亲继承的制度实现》，《行政与法》2021 年第 9 期。

王歌雅：《论继承法的修正》，《中国法学》2013 年第 6 期。

王光辉：《论我国〈继承法〉的修改及完善》，《法学杂志》2009 年第 9 期。

吴杰：《民事诉讼机制改革与完善的法律经济分析》，《政治与法律》2000 年第 2 期。

夏吟兰：《特留份制度之伦理价值分析》，《现代法学》2012 年第 5 期。

萧瀚：《被架空的继承法——张××诉蒋伦芳继承案的程序与实体评述》，易继明主编：《私法》（总第 3 卷），北京大学出版社 2002 年版。

许德风：《论利息的法律管制——兼议私法中的社会化考量》，《北大法律评论》2010 年第 1 辑。

许德风：《合同自由与分配正义》，《中外法学》2020 年第 4 期。

徐涤宇：《非常损失规则的比较研究——兼评中国民事法律行为制度中的乘人之危和显失公平》，《法律科学》2001 年第 3 期。

徐涤宇：《非常态缔约规则：现行法检讨与民法典回应》，《法商研究》2019 年第 3 期。

杨立新：《对修正〈继承法〉十个问题的意见》，《法律适用》2012 年第 8 期。

杨立新：《我国继承制度的完善与规则适用》，《中国法学》2020

年第 4 期。

杨立新、和丽军：《对我国继承法特留份制度的再思考》，《国家检察官学院学报》2013 年第 4 期。

易军：《个人主义方法论与私法》，《法学研究》2006 年第 1 期。

易军：《法律行为"合法性"迷局之破解》，《法商研究》2008 年第 2 期。

易军：《民法公平原则理论之检讨与反思》，《浙江社会科学》2012 年第 10 期。

易军：《私人自治与私法品性》，《法学研究》2012 年第 3 期。

易军：《民法公平原则新诠》，《法学家》2012 年第 4 期。

于飞：《民法基本原则：理论反思与法典表达》，《法学研究》2016 年第 6 期。

俞江：《家产制视野下的遗嘱》，《法学》2010 年第 7 期。

张晋藩：《综论中国法制近代化》，《政法论坛》2004 年第 1 期。

张民安：《法国民法中意思自治原则的新发展》，《法治研究》2021 年第 4 期。

郑永流：《道德立场与法律技术——中德情妇遗嘱案的比较和评析》，《中国法学》2008 年第 4 期。

郑倩：《论尊重被继承人意志原则在继承法中的定位》，《求是学刊》2016 年第 3 期。

四、法律法典

费安玲、丁玫译：《意大利民法典》，中国政法大学出版社 2004 年版。

陈卫佐译：《德国民法典》，法律出版社 2015 年版。

罗结珍译：《法国民法典》，北京大学出版社 2010 年版。

渠涛编译：《最新日本民法》，法律出版社 2006 年。

唐晓晴译：《葡萄牙民法典》，北京大学出版社 2009 年版

潘灯、马琴译：《西班牙民法典》，中国政法大学出版社 2013

年版。

徐涤宇译：《最新阿根廷民法典》，法律出版社 2007 年版。

王卫国等译：《荷兰民法典》，中国政法大学 2006 年版。

戴永盛译：《瑞士民法典》，中国政法大学出版社 2016 年版。

戴永盛译： 《奥地利普通民法典》，中国政法大学出版社 2016 年版。

齐云译：《巴西民法典》，中国法制出版社 2009 年版。

楼爱华译：《路易斯安娜民法典》，厦门大学出版社 2010 年版。

蒋军洲译：《菲律宾民法典》，厦门大学出版社 2011 年版。

徐涤宇译：《智利共和国民法典》，北京大学出版社 2014 年版。

吴远富译：《越南民法典》，厦门大学出版社 2007 年版。

薛军译：《埃塞俄比亚民法典》，厦门大学出版社 2013 年版。

黄文煌译：《埃及民法典》，厦门大学出版社 2008 年版。

尹田译：《阿尔及利亚民法典》，厦门大学出版社 2013 年版。

周喜梅等译：《泰王国民商法典》，中国法制出版社 2013 年版。

《中华人民共和国民法典》

《中华人民共和国继承法》

《中华人民共和国遗嘱公证细则》

五、外文著作

John P. Dawson, *Gifts and Promises: Continental and American Law Compared*, Yale University Press, 1980.

Richard Posner, *The Problematics of Moral and Legal Theory*, Cambridge, Mass. : Belknap Press of Harvard University Press, 1999.

Richard Posner, *Economics of Justice*, Harvard University Press, 1983.

Russ VerSteeg, *Early Mesopotamian Law*, Carolina Academic Press, 2000.

Ronald Dworkin, *Taking Rights Seriously*, Harvard University Press, 1977.

Robert Alexy, *The Argument from Injustice*, trans. Bonnie Litschewski Paulson and Stanley L. Paulson, Clarendon Press, 2002.

Robert Alexy, *A Theory of Constitutional Rights*, trans. Julian Rivers, Oxford University Press, 2002.

六、外文论文

Aleksander Peczenie, The Passion of Reason, ed. *in The Law in Philosophical Perspective*: *My Philosophy of Law* , by Luc J. Wintgens, Kluwer Academic Publishers, 1999.

R. R. Coase, The Problem of Social Cost. *Journal of Law & Economics*, No. 3, 1963.

R. Dworkin, Is Wealth a Value? *Journal of Legal Studies*, Vol. 9, No. 2, 1980.

Gale William G. & John Karl Scholz, Intergenerational Transfers and the Accumulation of Wealth, *Journal of Economics Perspectives*, Vol. 8, No. 4, 1994.

John J. Hogerty II , Reflections at the Close of Three Years of Law School: A Student's Perspective on the Value and Importance of Teaching Roman Law in Modern American Law Schools, *Tulane Law Review*, Vol. 66, No. 6, 1992.

Kronman Anthony T. , Wealth Maximization as a Normative Principle, *Journal of Legal Studies*, Vol. 9, No. 2, 1980.

Ray D. Madoff, A Tale of Two Countries: Comparing the Law of Inheritance in Two Seemingly Opposite Systems, *Boston College International & Comparative Law Review*, No. 37, 2014.

T. Wach, Forced Heirship and Common Law Trust—Especially from the Swiss Point of View, Part I, *Trusts & Trustees*, Vol. 2, No. 5, 1996.

Posner Richard, Utilitarianism, Economics, and Legal Theory, *Journal of Legal Studies*, Vol. 8, No, 1, 1979.

七、其他资料类

罗马法教研室：http://www. romanlaw. cn/.

罗马法资源：http://www. iuscivile. com/.

西北民商法律网：http://xbmsf. nwupl. cn/Article/ShowArticle. asp? ArticleID = 703.

中国政法大学罗马法与意大利法研究中心：http://www. cupl. edu. cn/html/csdri/col900/2012 − 07/25/20120725211152136634393_ 1. html.

后　记

　　本书的核心框架形成于 2014 年，时值毕业论文撰写之际。如今反刍，作为初窥学术门径的科研小白，思虑不周、精研不够之处尚且可以容忍；但是，文气不足、文理不通、文脉不显则不可饶恕。对于非法学正规院校出身的我而言，法学专业论文的写作无疑举步维艰。"杂牌军"也许能在数量上形成规模，但论质量则着实难以恭维。回首本科毕业论文，现在读来，不禁哂自己当初之稚嫩：热情有余而理性不足，感慨良多而论证贫乏。答辩情景，历历在目。古人云，鉴前世之兴衰，考当今之得失。幸得在研究生阶段实现龙门之跃，得以在师友督促与赐教下初备学术规范，"古今"之分，可谓明矣。考取法大，根本上改变了当年本科对论文写作之认识，逐渐从草野步入庙堂。个中情状，谁与诉说。

　　首先，本书选题缘起于费导之指引，可惜未能达其预期，不免遗憾。在费门所受专业素养之熏陶，无疑将在我的人生中烙下深刻印记。如今成书，更是诚惶诚恐，如果以自己在文字上锱铢必较、惜墨如金的个性观之，学理仍待深掘，案例仍需精研，全书逻辑与结构仍有探讨空间。可是，为迎合"数目字管理与考核"的现实，不得已将之端出献丑于方家。自接触法学之日起，十五年悄然已逝，无论求学还是执教，从未想到"学术生死存亡之境"与"个性上的文字洁癖"竟会在我的生命里截然对立，不可调和。

其次，感谢珊瑚礁，多年来的鞭策砥砺，虽有时不免怒从胸中起，恨在胆边生。但这一切对于吾人谦卑习性之养成，躬行品质之历练无疑裨益堪深。聊表谢意。

再次，工欲善其事必先利其器，2012 年以后的写作与之前最大的不同即立言"法器"的改进。2012 年之前，读书摘录、偶然心得无不凝于笔头，本科毕业论文也是一个一个方块字手写完成。但是长期革命战争年代培育了深厚战斗情谊的妹妹借去香港参加会计国际比赛之机，采购宏碁电脑一台相赠，利器在手，下键万言，陆续完成硕士、博士论文的写作，纵使退居"二线"，仍如"老同志"一般发挥余热。"它"象征了一个时代，见证了我逐步窥获学术门径的旅程。

复次，能安心作文，家人的支持乃最坚实之基础。严父曾言："继续深造还是委身社会，选择的自由归你，我别无他能，只有竭尽所能，作为你最坚强的财政后盾与精神支撑。"也许初中肄业的父亲不知何为知识分子，更不确知怎样才算是有文化之人，但他始终坚信，小儿选择的人生路径就是充满希望的坦途，充满知识人的智慧，纵使间或有荆棘，亦不过是过眼云烟。这份坚定的支持成为我从容完成学业的前提，更是我继续攀登学术殿堂高峰的扛鼎膂力。

最后，在当下的学术生态、考核体制下奢谈理想是可笑的，但著书立论的天职不就是立言与方家断断争辩吗？舍此，无异于对自己文字的践踏。曾经对不尊重文字、常识与言论者嗤之以鼻，如今感觉逐步滑向自己最厌恶样态的深渊，无法自拔。文人骚客往往以"拙作"谦称自己作品从而彰显虚怀若谷，但本人称此书为拙作确是实指。个中论述与方法论探讨不无改进空间，期盼付梓后方家多多教正。

十五年前，负笈北上，祖父以十六字相送，寄望殷切："穷当益坚，独善其身；达则弥忠，兼济天下。"然而，知易行难，以此度量人生，我显然才刚刚起步，还需要继续走完剩下的路程。此十六字箴言，亦是勉励我法学训练生涯的无边法力。

夫子云，三十而立。作为八零后的我，也是而立之年已过。环视自己一事无成，诚如崔健呐喊的《一无所有》，不免觳觫。有时反省，不由加快脚步，匆匆踏上行程。也许王泽鉴先生的自我勉励，于我，是今后更上一层楼的不二法门：晚睡一点，早起一点，勉强自己一点。在这一点一点之间，探真求知，形塑一个法律人的风骨与修为。

2021 年 9 月 30 日亥时
修正于 2022 年 5 月 4 日子时
广州·政闻堂